# MA PLACE
# SUR LA PHOTO

AMANDA STHERS

# MA PLACE SUR LA PHOTO

BERNARD GRASSET
PARIS

*À Papi Ben*

C'est dans ma voiture, avec la nuit qui me tombait sur le visage, que j'ai soudain compris pourquoi j'étais si triste.

Je revenais de l'appartement de mon amie Nathalie.

Elle emménage avec son fiancé. Ils sont heureux, ils défont les cartons. Des types installaient des compteurs dans la cuisine, mais ça ne les dérangeait pas.

Déjà ils se sentaient chez eux et je voyais leurs rêves accomplis aux quatre coins de leurs têtes.

En sortant, je me suis dit que cette fois-ci, on avait grandi.

C'est bien moi, cette jeune femme blonde dans le rétro qui conduit une voiture.

Je conduis, j'ai un métier. Parfois on m'appelle madame.

Une fois de plus, j'ai eu peur de la mort, de celle de mes parents, de la mienne. Et une fois de plus je me suis trompée. Ce qui me fait vraiment peur ce n'est pas demain, plus tard, après puis plus jamais. Ce qui me fait peur c'est de trimbaler avec moi cette petite fille. Cette petite Amanda qui a été moi, ces mille Amanda qui ne veulent pas me lâcher. Je ne les ai pas intégrées.

Je ne suis pas comme tout le monde, une seule personne avec mille souvenirs. Je me trimbale toute la journée avec des nouvelles moi. Celle d'il y a cinq minutes. Celle qui voulait être danseuse étoile. Celle qui a menti. Celle qui chantait mal. Et celle qui va chialer. Oui, je suis bien trop de personnes pour un seul corps.

Je suis triste.

Triste parce que les milliers de moi-même comme autant de regrets, d'histoires d'amour ratées, comme autant de déceptions ne peuvent pas exister ensemble et ne veulent pourtant pas me lâcher.

Je m'étouffe.

Ces milliers d'Amanda veulent toute exister et ça m'empêche de vivre, moi celle qui vient là, et là et encore là. Je m'étouffe d'évoluer, je m'étouffe de comprendre si mal le temps. Et une Amanda refait sans cesse le même geste, une autre lui dit qu'elle l'aime, moi je sais que ce n'est déjà plus vrai, aujourd'hui, j'ai la certitude de connaître l'homme de ma vie...

Je suis une autre, une autre, et une autre encore, tout en moi dans un brouillon d'idées. Je voudrais être toute neuve, sans passé, sans souvenir, sans même de prénom.

Une nuit, je devais avoir onze ans, nous dormions chez mon oncle André à Trouville, mon père nous a réveillés.

C'était peut-être tôt le matin, je ne sais plus.

Ce dont je me souviens c'est que nous

avions fait les valises en hâte et puis que nous sommes partis à l'aventure.

Il y avait ma sœur Orianne, mon frère Briag et mon cousin Sacha.

Nous étions au milieu du mois d'août, quinze jours s'étaient écoulés à Trouville. Quinze jours heureux je suppose, assez flous dans ma mémoire. J'ai le souvenir des croissants de la boulangerie Choisnel : « la choisnelade » et des discussions qui accompagnaient le petit déjeuner.

Y avait-il trop de beurre ? Fallait-il rester sur sa faim ? Comment éviter l'écœurement ? Est-ce que tout ce qui est bon est forcément mauvais ?

Je me souviens des toilettes situées à l'extérieur dans la petite cour, alors que la maison devait bien faire trois cents mètres carrés.

Je me souviens aussi des projets de l'oncle Dédé, qui envisageait de tout rénover, repeindre, planter du gazon…

Je crois qu'Alicia, sa femme, n'y croyait déjà plus et l'ambiance, sans doute, était tendue.

Nous, les enfants, nous ne nous en rendions pas compte.

Les ambiances tendues sont un trait familial.

Je ne sais pas si papa est parti pour laisser Dédé respirer, ou pour mieux respirer lui-même.

Ce que je sais maintenant c'est que mon père était amoureux, de celle qui est devenue sa femme.

Ils étaient séparés, ils s'appelaient en cachette.

Je l'ai compris plus tard.

Et j'ai appris, plus tard encore, à admettre que les histoires d'amour n'appartiennent qu'à ceux qui les vivent et qu'on ne peut pas les juger, encore moins les comprendre.

Cette nuit donc, ou ce matin, nous sommes partis tous les cinq dans la Renault 25 bleu marine, à l'aventure.

On a bu du jus d'oranges en pressant directement les fruits au-dessus de nos bouches. Papa appelait ça des « miam-soif ».

On roulait, on chantait.

On a fini par se retrouver au Mont-Saint-Michel : j'avais onze ans, l'endroit me semblait chouette.

J'avais déjà l'âme grave.

J'étais déjà une vieille femme en planque dans un corps d'enfant. Je faisais déjà attention à Briag, je veillais à ce qu'il ne fasse pas tomber ses boules de glace.

Nous sommes allés dans un hôtel avec des petits bungalows.

Il ne restait pas de chambres mais devant il y avait un bassin avec des bateaux télécommandés.

Briag et Sacha ont eu l'autorisation d'aller s'amuser pendant que nous déjeunions en face. Moi aussi j'aurais voulu jouer aux bateaux, mais j'ai joué les grandes et je suis restée à table.

Orianne négociait sûrement un deuxième dessert. Ses grands yeux noirs devaient en devenir jaunes. Elle devait être belle et souriante. Je ne sais pas si je me rendais compte de sa beauté. Je me rendais compte de notre différence et de certaines choses que, déjà, j'avais du mal à lui exprimer.

Nous avons visité le Mont-Saint-Michel, je me souviens mal du décor, en dehors du cliché de carte postale que nous avons tous dans la tête.

L'histoire des sables mouvants, il y avait des morts chaque année. Des gens qui s'enfonçaient, qui commençaient par rire et puis qui s'étouffaient.

Je réfléchissais déjà en histoires, en images, depuis ce jour une séquence me hante.

C'est une petite fille, en chemise de nuit blanche. C'est la nuit. Elle a fui son lit. Je ne sais pas si elle est triste ou folle ou perdue. Je sais qu'elle s'enfonce et je sais que l'eau monte.

Son papa vient la chercher, ça pourrait être n'importe quel homme. Mais là, elle est petite, et c'est le seul homme qu'elle connaisse.

Il marche, il vient vers elle et même si elle ne le voit pas, même si elle lui tourne le dos, sa présence sèche ses larmes.

Il la prend dans ses bras, il ne lui dit rien, mais il la soulève et la sauve de l'eau qui monte.

Je ne sais plus si j'ai rêvé cette scène, ou si je l'ai imaginée plus tard.

Je crois que le cinéma est venu dans ma vie comme un prétexte à filmer ça.

Mais comment mettre un visage sur le visage de cette petite fille ?

Et comment choisir le papa ?

Ce que la psychanalyse dirait de ce rêve ne m'intéresse pas.

C'est trop évident.

Ce que je voudrais savoir c'est comment me débarrasser de cette image et qu'est-ce qui viendra la remplacer ?

Le lendemain, nous étions dans une ville bretonne.

Je me souviens d'un champ dans lequel nous avions joué tous les quatre et de l'hôtel ensuite.

De la clé que m'avait confiée mon père pour que nous montions sans lui...

Il allait téléphoner à la femme qu'il aimait. Il ne nous l'a pas dit bien sûr, il me l'a confirmé bien plus tard quand je me demandais pourquoi ce jour-là j'avais cassé la clé dans la serrure, nous laissant à la porte de cette chambre d'hôtel, enfermés dehors. Enfermés sans maison.

A son retour, je m'étais pris une baffe.

Ça faisait cinq ans que mes parents étaient divorcés, j'avais vu beaucoup d'autres femmes.

Celle-là, je ne la voyais pas, il ne nous en parlait pas.

Elle était peut-être mieux que ma mère ?

Maintenant je me dis que mon père devait y penser sans cesse, se retenir de l'appeler, s'occuper de nous pour tuer le temps, pour jouer l'indifférence. Maintenant, je me dis qu'il devait se sentir seul et que mon petit air inquiet et mes yeux trop curieux devaient lui être odieux.

Aujourd'hui je comprends mieux ses sautes d'humeur dans la voiture, son besoin de changer toujours le décor pour s'assommer d'autre chose.

Maintenant mon père me touche. Avant, il me faisait peur.

Le voyage s'est arrêté chez mes grands-parents maternels à Brest, rue Inkerman.

Mon père nous a déposés, maman viendrait nous chercher plus tard.

Ils étaient ravis de nous voir, papa a dû rester manger le poulet délicieux de mamie et puis il est parti.

On lui a dit au revoir dans la rue, avec beaucoup de pudeur. Aujourd'hui encore, j'ai du mal à lui faire la bise. Tous nos contacts physiques me semblent étranges.

C'est l'être le plus sensible que je connaisse.

Je suis sans doute la seule à penser ça de lui.

Ça le force à être méchant, cruel ; sinon je pense qu'il pleurerait tout le temps.

Pour lui, c'est grave qu'un garçon pleure. C'est son père Alfred qui lui a inculqué cela, et lui-même l'a transmis à Briag.

Dans cette famille, les garçons ne pleurent jamais.

Briag qui a fait pipi au lit tard m'avait dit « c'est pas moi qui pleure, c'est mon zizi ».

Pourtant, ce jour-là, dans la rue Inkerman de Brest que mon père descendait pour récupérer sa voiture, je crois bien qu'il pleurait.

Peut-être parce que ça le soulageait de nous laisser ? Il devait s'en vouloir.

Moi aussi ça me faisait de la peine, mais je pouvais me relâcher enfin, ne plus faire attention à tout.

Son niveau d'exigence m'a toujours tétanisée.

Mon père est un personnage assez drôle. C'est un psy juif tunisien, avant il était barbu, maintenant il est un peu chauve.

On dirait qu'il s'est toujours arrangé pour être caricatural, reconnaissable, probablement dans l'attente d'être connu.

Connu pour quoi ? D'abord pour ses groupes de musique : Classical M, puis les Albatros. Il était le chanteur de tubes incontournables pour toute la rue de Trévise tels « Gog Démagogue », « Quand j'enlève mes boots », « C'est un chien qui est devenu fou »…

Malgré une première partie à l'Olympia, sa carrière de chanteur n'a pas décollé.

D'après lui, c'est en grande partie la faute de Dédé, qui était un bon compositeur mais que la scène angoissait :

« André était incapable de donner aux Albatros l'allure d'un groupe de rock », racontait mon père. Quant à Brater, le bassiste, « il ne valait guère mieux ».

Papa ne cesse de répéter qu'il n'aurait pas dû se laisser avoir par ses sentiments.

Il regrettait de ne pas avoir fait une carrière solo avec de vrais musiciens « qui lui auraient permis de laisser éclater son talent ».

Depuis, il a réédité ses titres en CD.

Il continue de penser qu'il suffirait qu'un chanteur comme Bono les entende pour les remettre au goût du jour…

Papa s'est rabattu sur ses études de médecine qui furent brillantes.

Guy est devenu psychiatre et psychanalyste.

Quelques jours avant de prêter serment pour devenir médecin, il a perdu son père.

Sur les photos, comme le veut la religion juive après un deuil, il n'est pas rasé. Je crois que la barbe qu'il a gardée des années vient de là.

Je pense qu'il ne l'a rasée qu'à la naissance de son premier fils, Briag.

Les photos du serment d'Hippocrate sont pleines d'émotion, lui le fils de marchand de tapis qui devenait médecin, sans son père pour le regarder, ou plutôt avec son père sur le visage.

A cette époque, je n'existe pas. Mon père et son père sont jeunes : Pépé Alfred. J'ai une affection intense pour lui que je n'ai pas connu. Il est mort d'un infarctus à cinquante ans.

Je me souviens d'un restaurant italien où mon père m'avait emmenée.

Je le sentais malheureux et particulièrement doux dans ses propos et ses gestes.

Il m'avait dit, tu sais Amanda, aujourd'hui, j'ai exactement l'âge que mon père avait quand il est mort. Pour lui c'était étrange, il n'avait jamais imaginé qu'il irait au-delà, qu'il aurait le droit à une vie plus longue.

C'est probablement à ce moment qu'il a commencé à vérifier son cœur et à manger du poisson.

Ma maman est belle.

A vingt ans, elle ressemblait à Romy Schneider.

Aujourd'hui encore quand je lui présente un homme que j'aime, j'ai peur qu'il tombe amoureux d'elle.

Ma mère est le genre de personne qui raconte une blague, qui prévient qu'elle est drôle, qui en oublie la moitié, qui commence par la chute. Elle est attendrissante. Elle vient d'une famille très catholique qui cache des adultères, des enfants qui naissent entre deux mariages et prennent le nom de famille que leur impose la loi. Une famille bien sous tous rapports, qui croit en Dieu et au péché.

Ma maman a été élevée chez les sœurs, on lui a appris à ne pas gâcher, à ne pas se trouver belle, à se sentir coupable de tout ce qui peut rendre heureux.

Elle s'en est bien tirée.

Certains disent que son mariage avec mon père est une erreur, je pense au contraire que ça l'a sauvée de ce genre de vie morne et odieuse, le genre de vie que sa mère aurait voulue pour elle. Une vie catho, serre-tête.

Elle en a gardé des séquelles.

Rien n'est plus drôle que d'entendre ma mère dire ces « sales goys », comme si sa conversion au judaïsme lui avait permis de rentrer dans un club très fermé.

Un club où l'on peut dire à la fois « ces sales

goys » et ces « gros juifs tunes » et « ces ashkénazes larmoyants ».

Sa conversion est un genre de cumul des mandats qui aurait pu lui être d'une grande utilité si elle avait su exprimer son humour.

Elle aurait pu alors raconter des blagues fachos (alors c'est Hitler, Le Pen et Rodney Chicheportiche...) avec l'humour juif new-yorkais (discussing the way of preparing a bagel...).

Le problème c'est que Véronique a un accent français à couper au couteau, qu'elle a fait des études de droit, et, surtout qu'elle ne connaît jamais la fin des blagues.

Véronique et Guy se sont rencontrés dans un bal costumé, organisé par mon père et deux de ses amis pour fêter la fin de l'internat.

Il était en Indien, elle était en gitane.

Une gitane chic puisqu'elle était habillée en Saint Laurent.

Le costume le plus répandu ce soir-là était la camisole de force.

Le lendemain mon père appelait ma mère,

« je suis l'Indien avec qui vous avez dansé hier soir ». Il l'a invitée à dîner.

La gitane chic aux grands yeux verts a accepté.

Mon père l'a emmenée chez « Cochonnek », il s'est dit que ça plairait à une Bretonne catholique.

Quelques mois après, comme pour se convaincre qu'il lui fallait cesser de l'aimer, il lui a dit qu'il ne l'épouserait jamais parce qu'elle n'était pas juive.

Ma mère qui préparait l'ENA a bifurqué vers la Torah.

Deux ans plus tard, ils se disaient oui devant un rabbin.

Ce furent deux années très difficiles.

La conversion à la religion juive est une démarche laborieuse : travail sur soi-même, apprentissage d'une histoire, d'une religion…

Mais ma mère avait un souvenir odieux des sœurs chez qui elle avait été en pension, et surtout elle aimait mon père.

Les deux familles se sont rencontrées.

D'abord la jeune génération.

Pour l'occasion mon père a de nouveau organisé un bal costumé.

Le frère de ma mère a trouvé très drôle de se pointer déguisé en officier allemand. C'est un humour que je saisis parfaitement mais mon père a failli l'étrangler.

Je donnerais une fortune pour assister à la scène. Mon oncle qui sonne, un sourire au coin des lèvres et qui se demande « je dis heil Hitler ou ça fait trop, faut peut-être le jouer à fond, je sais pas et les mousta… »

Bonsoir…

Il y a eu des cris, des larmes.

Ça ne fait toujours pas rire mon père.

Le souci avec l'humour juif c'est que comme le judaïsme il n'est pas prosélyte.

L'humour juif pratiqué par un goy devient très vite une plaisanterie qui a mal tourné…

Pour mon père, si vous n'êtes pas ashkénaze, vous n'avez pas le droit de plaisanter avec ça : « Ta grand-mère est-elle morte dans un camp ? Ton oncle ? Un parent éloigné ? Non ! Alors tu t'en tiens à une certaine forme d'humour je te prie »… Une forme d'humour pas drôle de préférence.

Il faut bien leur laisser quelque chose, ils ont perdu toute leur famille et ils ne savent pas cuisiner.

Ah ! Le doux jumelage de Plougastel et de la Goulette…

Dieu merci, mon père mangeait des fruits de mer et tenait bien l'alcool, deux conditions nécessaires pour s'intégrer dans une famille bretonne.

Pourtant, il ne réussissait jamais vraiment à faire oublier qu'il était aussi le fils de sa mère…

Sa mère juive tunisienne, ma mémé Gladys.

Mille choses ont été écrites sur les mères juives, il ne faut pas en faire un condensé, plutôt une addition.

Gladys m'adorait parce que ma blondeur héritée de ma grand-mère maternelle lui permettait de justifier la sienne.

Je détestais qu'elle me touche, elle faisait partie de ces gens qui ne peuvent vous adresser la parole sans vous agripper le bras.

Toujours trop émotive, au bord des

larmes en me servant une assiette de couscous, en pleurs quand elle parlait de son fils, Philippe :

« Pipo, le pauvre. »

J'ai longtemps cru que « le pauvre » était son deuxième prénom. Combien de fois ai-je entendu ma grand-mère gémir :

« Pipo, le pauvre ; mischkin (comme on dit en tunisien) rien ne marche pour lui. »

Bien sûr, Pipo le pauvre veut vivre de sa musique, des « tubes » qu'il compose. Il se réveille à quinze heures, il chante faux, il a autant de rythme qu'un lave-linge des années trente. Pauvre Pipo...

Mais Guy, Guy ! Ah, mon père... Son aîné, son fils médecin.

C'est à lui qu'elle se plaint quand elle est malade, c'est-à-dire tous les jours. C'est son fils préféré, et voilà qu'une sale goy le lui arrache.

Le jour du mariage de mes parents, ma grand-mère Gladys a fait un scandale pour que ce soit mon père en personne qui la raccompagne chez elle.

Plus tard dans la nuit, elle a téléphoné chez mes parents en larmes.

Ma mère avait vingt-quatre ans. Mon âge aujourd'hui.

Je suis née deux ans après.

On m'a appelée Amanda. Ça veut dire « celle qui doit être aimée », oui, celle que son père va devoir aimer même si c'est une fille.

Au début, il m'en voulait de ne pas avoir de zizi. Il n'a pas voulu me voir pendant 48 heures.

Je suis restée dans ma couveuse, un microbe traînait à l'hôpital et avait déjà tué plusieurs bébés.

Ma mère, qui venait d'avoir une césarienne, n'a pas pu s'occuper de moi tout de suite. J'ai dû attendre dans ma bulle ; j'ai dû me demander des choses, je suis née en me posant des questions...

C'est Philippe, le frère de maman, celui qui s'était déguisé en nazi, qui m'a vue en premier. Les gens de la clinique l'ont d'ailleurs pris pour mon père et aujourd'hui encore, il n'est pas rare qu'on me prenne pour sa fille.

Puis mes grands-parents sont venus me chercher avec leur 604 flambant neuve. Ils me bassinent encore avec leur 604 – « c'était une voiture de ministre à l'époque ».

Je crois que mon père s'est finalement laissé attendrir par mes grands yeux bleus et cet air très adulte, très concerné qui était déjà là alors que je ne savais pas articuler un mot. Cet air qui n'est qu'un trait de mon visage et qui fait dire aux gens « cette jeune fille respire l'intelligence ».

Cet air bien utile, je l'avoue ; qui fera sûrement de moi une vieille femme un peu sèche et effrayante.

Tout ça revient très fort en moi parce que nous avons envie d'un enfant. L'homme que j'aime parle souvent de notre bébé, des lieux où il l'emmènera, des câlins qu'il lui fera.

Il dit « je voudrais ta tête en minus. Tu crois que c'est possible ? »

J'ai toujours imaginé que j'aurai un petit garçon. Je crois qu'une fille me ferait peur sans que je sache vraiment pourquoi.

Elle sera jeune et belle quand je commencerai à vieillir ? Ou peut-être que j'ai peur d'être confrontée à ce que j'ai été ?

J'ai toujours eu tendance à aimer les jolies filles, à les regarder, à rechercher leur compagnie. En ce moment, lorsque je vois une belle jeune fille de quinze ans, je me dis qu'elle me piquera peut-être mon mari dans vingt ans.

Et je pense à ça du haut de mes vingt-quatre ans.

Je vais finir en conne aigrie.

J'ai pourtant une grande tendresse pour les femmes.

Les jours où je me sens jolie, que j'ai une jupette et des bottes, je fais très attention de ne pas croiser des couples.

Je n'aime pas qu'un homme accompagné me regarde. Il y a des femmes que ça flatte, moi ça me gêne, je me mets à la place de celle qui tient sa main et qui fait semblant de ne rien voir…

Alors, je ne sais pas pourquoi je porte des jupettes et des bottes, je passe mon temps à changer de trottoir, à rougir, à éviter les regards…

Sûrement pour conjurer le sort.

Sûrement pour que mon fiancé évite de regarder trop loin les jolies filles qu'on croise.

Parfois, je sais que je vais passer la journée à la maison, mais je m'habille, je me maquille et je sors, pour qu'il se pose des questions. Pour qu'il ait peur.

Une heure après je reviens, je mets un jean et je me fais des tartines de Nutella.

Il n'est jaloux de rien.

Il me dit que je suis un ange et qu'il a une confiance aveugle en moi.

Il a raison. Je voudrais pouvoir le tromper juste une fois pour pouvoir me dire intérieurement « cause toujours », je pense que le simple fait de l'avoir fait et de le savoir pour moi toute seule me rendrait plus excitante.

Mais je n'y arrive pas, je n'arrive même pas à imaginer la moindre ambiguïté avec un autre.

L'amour que je ressens pour lui est la chose la plus pure.

Je ne laisserai pas ma peur d'être fragile l'abîmer.

Alors, je ne croise pas les regards.

Je ne me laisse pas draguer, j'évite les

sourires. J'avance aux feux rouges. J'évite la libido des hommes.

Je laisse mon frère Luigi, du haut de ses deux ans, se blottir dans mon cou quand mon chéri est loin. C'est tout.

Lorsqu'il me manque trop, quand je me sens seule, je sors et je roule des heures, sans destination. Je vais au plus simple. J'avance, je sème ma trouille loin derrière.

Je n'aime rien plus que rouler seule la nuit quand les rues sont désertes. Je laisse à la radio le choix de mes émotions et de mes souvenirs.

Souvent ça me serre le cœur. Visage grave, l'impression que le monde tourne autour de moi, je suis un genre d'héroïne pathétique qui ne sauve personne, une sorte d'actrice de série B, l'air concentré.

Je me regarde et ça me fait rire, la musique me donne tous les espoirs, toutes les envies. Et je regarde ces milliers de fenêtres, je devine ces milliers de corps dans leurs lits et je me dis que je ne suis rien et ça m'apaise.

Je roule, je roule dans Paris. J'aurais voulu naître dans un village, pouvoir y retourner longtemps, bien longtemps après. Je suis une enfant de la ville, de ses pavés, de sa grisaille. Je suis une enfant de Paris. Il y a forcément des symboles figés qui me touchent mais la plupart du temps, ils font juste partie des décors, de mon décor qui reste le même.

Il faudrait que je parte loin, des années, pour revenir et sentir l'émotion me submerger devant la rotonde du parc Monceau, l'angle de la rue Jouffroy et de la rue Cardinet, les balançoires du gros barbu du parc, les marionnettes de monsieur Heurtebise aux Tuileries.

Tous les enfants se construisent un village et dans les milliers de visages qu'ils rencontrent en fixent un ou deux pour les inclure à ce village, ce genre de famille agrandie.

J'ai le souvenir précis de ma voisine d'en face que ma sœur avait surnommée la sorcière.

C'était une chanteuse d'opéra à la retraite qui sortait maquillée telle qu'elle devait l'être sur scène.

Ses mains qui tremblaient l'empêchaient de tracer le contour de ses lèvres et sa face débordait de rouge.

Elle était fardée de bleu à paupières et il y avait deux boules roses de maquillage sur sa joue qui fonçaient en hiver. De profil, on aurait dit un supporter du Japon.

J'ai l'impression de ne l'avoir vue qu'en hiver. Elle est associée dans ma mémoire aux jours de grands froids. Je ne me la représente qu'avec sa toque en fourrure, une sorte de streimel tout plat et gris et ses renards argentés qui pendaient sur son manteau de fourrure élimé.

« Dis maman, ils sont en vie les renards du cou de la sorcière ? »

J'en rajoutais.

Elle était un personnage d'effroi jubilatoire. De ceux qui font crier les enfants dans un mélange d'angoisse et de joie. De ceux qui nous font écarter nos mains pour laisser passer nos petits yeux mi-rieurs mi-peureux.

En rentrant de l'école, nous la voyions arriver du bout de la rue.

Orianne me donnait un cou de coude,

« v'là, la sorcière ». Et nous hésitions entre hâter le pas ou le ralentir.

Elle était un des personnages du quartier. Elle faisait sourire ou jaser.

Au moins, elle existait. Elle n'était pas de ces vieilles dames qui se fondent dans la pierre.

Pour nous d'ailleurs, elle n'était pas vieille, elle était juste une sorcière : la sorcière.

Vers dix-neuf heures chaque soir, la sorcière commençait ses vocalises. Après le divorce, les premières nuits que j'ai passées chez maman, les vocalises m'ont manqué plus que papa.

Comme un tic-tac, comme un son de coq hibou.

Un son de début de mes nuits d'enfance...

Et je pense que c'est un bon prétexte pour m'endormir à l'Opéra, que je n'ai pas en horreur, non, mais qui me fait dormir comme une enfant.

La sorcière est morte quelques jours avant notre déménagement. Comme si elle n'avait plus besoin d'exister, comme si je l'avais inventée.

Je lui en ai voulu.

J'aurais aimé la montrer à mes enfants le jour où je leur ferais visiter le 91 rue Jouffroy :

« Voilà, voilà l'immeuble où j'ai grandi. Ici au deuxième étage. Là, en face, dans la cour… » Et je leur aurais expliqué la sorcière et ils auraient voulu la connaître.

On aurait entendu les vocalises comme un cri de loup-garou.

On aurait fui, en riant ; ou on serait montés lui parler.

Elle ne m'a pas laissé le choix. Je lui en ai beaucoup voulu de ne pas m'avoir donné le temps de lui dire « Je sais que personne ne viens vous rendre visite, je sais que vous êtes seule, que vous vous maquillez juste pour un miroir, que vous ne chantez plus à l'Opéra, qu'il vous faut fermer les yeux et imaginer les applaudissements pour vous endormir ; mais moi je vous aime bien, vous faites partie de ma vie ».

Je lui en veux depuis qu'elle est morte. Et je ne le dis jamais aux petites Amanda, celles qui se pointent à dix-neuf heures pour les vocalises, celles qui guettent les renards en argent. Je ne leur dis pas mais je ne lui en veux pas moins.

Entre deux et six ans j'ai assisté aux séances d'analyse de mon père. D'abord de façon tout à fait officielle. Je m'asseyais sur ses genoux face au patient ou sur une petite chaise à côté.

Pour moi, le patient était une sorte d'ami.

Quant à mon père, je le voyais comme un sage que l'on venait consulter. Je n'assistais d'ailleurs qu'aux séances des patients qui avaient tissé des liens avec mon père, des liens d'affection, de respect, d'admiration.

Il y avait Isidore, le peintre, qui payait papa en tableaux les mois difficiles. Son nom est dans le dictionnaire maintenant.

Il y avait une dame qui pleurait tout le temps mais qui souriait quand elle croisait mon regard.

Il y avait ce scénariste qui ne supportait pas les salles de cinéma. Il y avait Vanina qui était amoureuse de Jérôme. Il y avait Jérôme qui était amoureux d'Anne. Il y avait Anne qui distribuait des tracts dans la rue.

Ces trois-là ne voulaient pas changer d'analyste. Ils espéraient même que mon père lâcherait une information.

Et mon père s'en amusait beaucoup.

Je ne sais pas pourquoi les patients me permettaient de rester. Peut-être parce que ça les aidait pour parler, peut-être parce qu'ils pensaient que j'aidais mon père à entendre certaines choses...

Je faisais des dessins la plupart du temps, dans mon cahier.

Il doit y avoir des milliers d'histoires d'amour dans ma tête, des milliers de lapsus, de rêves. J'ai vécu cent vies à quatre ans entre mes dessins d'enfant.

Il y avait surtout monsieur Lescêne, Jean-Renaud Lescêne.

Un jeune peintre atteint de sclérose en plaques. Monsieur Lescêne qui me voyait dessiner et qui savait que sa main bientôt serait paralysée, paralysée comme le reste de son corps jusqu'au cœur.

Il était si gentil. Je le voyais vieux, en fait à l'époque il avait moins de trente ans. Ce qui lui ferait quarante-trois ans aujourd'hui, l'âge de l'homme que j'aime et qui aurait pu venir consulter chez mon père. Il aurait croisé mon regard bleu.

Jean-Renaud m'a appris la peinture, la beauté, les tournesols soleils de Van Gogh et mon premier émoi charnel, les raboteurs de parquet de Caillebotte. Il m'a toujours envoyé des cartes pour mon anniversaire.

D'abord avec un dessin de lui et puis juste un mot tracé d'une main tremblante, puis juste un joyeux anniversaire chaotique et puis l'écriture de l'infirmière.

Je ne sais pas s'il est encore en vie. Mon père me l'aurait dit s'il était mort. Peut-être qu'il me l'a dit et que je n'ai pas voulu.

Plus tard je me suis cachée dans le placard pour écouter les histoires des gens. Et puis, je ne rentrais plus, j'ai grandi. J'ai inventé les gens et les histoires.

Toutes ces séances enfouies en moi, toutes ces vies qui font partie de la mienne…

Elles m'ont probablement construites autant que mon premier baiser ou mes buvards d'école.

Si je demandais à mon père de me raconter ces histoires aujourd'hui, je pense qu'il refuserait. Pourtant, je les ai entendues, elles m'appartiennent autant qu'à lui... Se souvenir, toujours se souvenir.

Vers l'âge de neuf ans, mon père a considéré qu'il fallait remplacer ma nourriture quotidienne, puisque je ne rentrais plus dans le placard, il me fallait rentrer dans des salles de spectacle.

Il s'est dit que j'étais prête à m'éveiller à la connaissance du kabuki : l'opéra japonais.

Je pense qu'il avait tort.

Je ne serai jamais prête à m'éveiller à la connaissance du kabuki.

Je ne serai jamais capable de supporter pendant quatre heures les « oohhmm... » d'un gros Japonais déclamés d'une voix très grave inlassablement toutes les six minutes.

Le tout entrecoupé trois ou quatre fois dans l'heure par la voix de crécelle d'une

Japonaise hystérique qui semble se précipiter pour dire un maximum de mots en « i » en un minimum de temps « millimirrissitiiioliliasha-kiki… ». Pour s'immobiliser ensuite, une fleur de lotus dans la main près du gros Japonais qui fait des mouvements de sabre au ralenti.

Parfois, dans des mises en scène très osées, une femme se dévêt de son kimono et trois figurantes qui ressemblent drôlement à la serveuse du yakitori où on a l'habitude de déjeuner (ce qui occupe puisqu'on se dit c'est elle ?, c'est pas elle ?) enduisent la femme nue de poudre de riz et la préparent : symbole de la geisha.

Entre les ohm du gros et les ihh de la folle, ça met une ambiance incroyable.

Moi, je dis ça, je n'ai sûrement rien compris, j'ai neuf ans, la symbolique de la vie et de la mort, du ruisseau de la destinée et du temps qui s'enfuit vers le soleil lointain mais si proche puisqu'il est aussi Dieu qui est chacun de nous ; toutes ces choses-là ont dû m'échapper.

J'ai neuf ans.

Après quatre heures de kabuki, on sort,

mon père et moi. C'était salle Pleyel ou salle Gaveau, dans le coin.

Mon père croise forcément quelqu'un qu'il connaît. Les lourdos qui vont se taper des kabukis forment quasiment une secte. Il croise un psy dans le genre de son ami Charlier, la tête vissée à son nœud papillon. Charlier doit baiser avec son nœud papillon.

« Guy ! Quelle bonne surprise ! Ça t'a plu ? »

Et il suffit que mon père lui dise oui pour que Charlier lui réponde qu'il a vu le même opéra à Kyoto avec Gota Okamé et que c'était mille fois mieux.

Je me demande encore aujourd'hui comment cet opéra pourrait être mieux ou moins bien. A moins que le gros qui dit ohmm... soit un pote et qu'on ait parié qu'il ne tiendrait pas quatre heures.

Je ne comprends pas bien ce manège.

Je ne comprends pas pourquoi ces choses chiantes sont supposées vous rendre plus intelligent aux yeux des autres.

Je ne comprends pas pourquoi le festival

d'Avignon marche depuis si longtemps. Il n'y a même pas la mer.

J'ai eu mon premier rendez-vous chez le psychanalyste aujourd'hui.

Il m'a été recommandé par une psychanalyste rencontrée cet été.

Elle m'avait donné trois noms.

Elle m'a dit qu'il fallait les voir tous les trois avant de choisir.

Je l'ai choisi tout de suite.

Je n'ai pas appelé les autres.

Il s'appelle docteur Soleil : c'était lui.

Je l'ai choisi avant de le voir.

C'était lui qui habitait le plus loin. Elle m'avait prévenue qu'il n'aurait probablement plus de place pour moi. Elle m'a dit qu'il lui semblait que la femme qu'elle me conseillait me conviendrait mieux.

J'ai donc choisi sans hésiter le docteur Soleil.

Et, dans ce choix compliqué, j'ai déjà compris quelque chose. Sans le savoir, le docteur Soleil m'a fait réaliser que je croyais trouver mon bonheur dans l'inaccessible sinon la difficulté.

Sur le chemin, je me suis perdue. J'étais nerveuse. Je me suis fait arrêter par la police, je n'avais pas mes papiers.

J'étais tremblante. J'allais pleurer. Je suis arrivée avec quarante minutes de retard. J'ai sonné à la mauvaise porte, je me suis excusée auprès d'une dame en bigoudis.

Le docteur Soleil était en face. Il m'a ouvert.

Je ne l'avais pas imaginé mais si je l'avais fait, je ne l'aurais pas imaginé autre.

Comme à tous les gens chouettes, j'ai eu envie de lui tirer les oreilles, les deux oreilles en même temps.

On aurait dit monsieur Cormy, le mari de ma libraire. Pour ceux qui ne passent jamais rue Meissonnier : un nez, pas si gros mais charnu et facile à dessiner. Un regard malicieux, intelligent et gentil ; sans mépris. Une espèce de pudeur douce, comme mon père. Des cheveux gris en nuages…

Je me suis excusée de mon retard, j'ai proposé au docteur Soleil de le payer quand même. Il m'a dit qu'il avait eu une annulation à 13 h 30, si je voulais revenir...

Je suis descendue, j'ai téléphoné à mon amoureux. J'ai pleuré. Il était doux et gentil.

J'ai acheté des journaux et j'ai pris un thé et une tarte au citron dans un salon de thé : « Thé, tartes et tartines ».

J'ai lu sans lever les yeux.

Le salon, presque vide, sinon je ne serais jamais entrée.

J'ai peur d'aller manger seule.

A 13 heures, un groupe est arrivé.

Je ne sais pas trop quel genre de groupe, je n'ai pas réussi à comprendre ce qu'ils faisaient tous ensemble. Certains parlaient italien. Une vieille femme sèche prenait les choses en main. Elle s'exprimait fort comme à un groupe d'enfants. Ils n'étaient pas en noir. Ils n'étaient pas heureusement habillés non plus.

Ils étaient en groupe, ils étaient trop, je ne voulais pas croiser de regards. A 13 heures 5, j'étais partie. J'ai attendu l'heure dans ma voiture parce qu'il pleuvait.

J'ai écrit :

« Le monde qui m'entoure est un bourdonnement inutile. On arrive à la fin de la toile. Chacun la tisse à sa façon. Elle va nous étouffer. J'ai la naïveté de voir l'art comme une fenêtre vers l'air frais, un souffle de virginité. Je crois que c'est trop tard. Déjà, j'étouffe. Déjà j'ai du mal à combattre, à débattre. Le monde entier m'a l'air d'un grand jugement, on se note, on a raison, on vend plus, on ferme boutique. On prend racine dans du vide. On prend des photos, on veut plus de vérité, on les retouche. On prend peur. On prend l'eau. On prend ses jambes à son cou et puis, on se prend les pieds dans la toile.

« Bonjour à nouveau... »

Le docteur Soleil m'a fait patienter dans la salle d'attente. J'ai lu une BD. J'ai entendu la porte claquer, le patient précédent sortait.

Il a attendu.

Ça m'a plu, ça voulait dire qu'il reprenait son souffle, qu'il réfléchissait.

Il est venu me chercher. Il m'a montré le portemanteau. J'ai eu l'impression qu'on me montrait ma place à la rentrée des classes. Je me suis dit que toute l'année je poserais mon manteau ici, que je répéterais ce geste et que viendraient les jours d'été…

Il m'a demandé pourquoi je venais le voir.

Je lui ai dit que j'étais triste. Je lui ai dit que j'étais triste mais qu'en apparence j'avais une vie parfaite. Je lui ai dit que j'étais triste mais qu'on ne m'en laissait pas le droit.

Je lui ai dit mon envie de mourir. Je lui ai dit comme j'avais mal dedans et ce poids qui ne s'en va pas, et ces larmes qui ne font plus l'effort de couler. Je lui ai dit que je ne comprenais pas, que je voudrais bien rire de moi et que je n'en voulais plus aux gens.

Quand mon amoureux me laisse à la maison et qu'il sent que ça ne va pas, il demande à la femme de ménage de s'occuper de moi, de faire attention. Il ne comprend pas que je préfère être seule, que tout est un effort, que je voudrais m'endormir et ne jamais plus me réveiller.

Il n'y a que son épaule, le creux de son épaule.

Il y a eu une heure bizarre dans la journée.

Le ciel gris a tourné au marine, un peu avant la nuit.

On est l'hiver.

Le soleil est venu percer les rideaux mi-clos, je ne l'attendais plus.

C'était comme si le soleil entrait en même temps dans mon cœur et me forçait à vivre.

Je crois que ce sont les feuilles, les arbres et l'air du vent qui me font vivre. Ce ne sont pas les paroles d'un ami qui m'aident, c'est la promenade que je fais avec lui. C'est l'herbe, les racines, c'est la nuit qui tombe et le jour qui lui succède, c'est tout ça qui me rassure. Toutes ces choses qui sont et qu'on ne discute pas. C'est le premier degré, c'est la terre, c'est ce que je touche.

Je voudrais que l'amour qui habite les cœurs soit aussi vrai que les arbres.

Le premier garçon dont j'ai été amoureuse s'appelait Jason : un petit Anglais blond, dans ma classe en primaire.

Je l'aimais parce qu'il courait le plus vite de la classe.

Avec du recul je me dis que ce n'était pas une raison plus bête qu'une autre...

Si j'avais fait faire une course de vitesse à tous les crétins qui m'ont accompagnée par la suite, j'aurais peut-être gagné du temps.

Je m'en veux d'avoir du dégoût pour des corps que j'ai serrés.

Je m'en veux de tous ces mots que je me suis entendu dire.

Ils salissent ceux que je dis aujourd'hui.

Tous ces garçons que j'ai transformés en princes charmants, je m'en veux de ne pas avoir su les empêcher d'être eux-mêmes.

Toutes ces Amanda... Toutes ces promesses brisées.

Cette Amanda qui disait je t'aime à quelqu'un qui n'entendait rien.

Cette Amanda timide, cette Amanda gauche.

Cette Amanda qu'il n'a pas comprise.

Celle qui aurait voulu qu'on la retienne.

Cette Amanda qui a avorté, je voudrais la prendre dans mes bras. Cette Amanda qui saigne, qui saigne dans un coin de moi, qui n'arrête pas de saigner.

Je ne sais pas comment elle a eu la force même d'aller chez le médecin. Plusieurs fois j'ai pensé qu'elle se mettrait en boule dans une pièce pour toujours.

Et puis son ventre grossirait, ou pas, et puis que ça n'aurait pas d'importance.

La pièce les engloutirait, elle et la vérité.

Et si elle l'avait décidé, peut-être qu'elle n'aurait pas été enceinte, comme ça, juste parce que ça n'allait pas avec le déroulement de sa vie.

Cette Amanda-là ne peut pas avoir d'humour, ce n'est pas une fille blessée, c'est une fille qui doit se blesser pour survivre.

Quand j'ai dit à celui qui partageait ma vie à l'époque que j'étais enceinte, il m'a engueulée. Il m'a dit que ce n'était pas un accident, qu'il ne me croyait pas.

Il répétait : « Qu'est-ce que tu veux que je te dise ? »

Je ne sais pas ce que j'aurais voulu qu'il me dise. Tout. Tout sauf rien. Tout sauf ce silence.

J'aurais voulu qu'il me demande si on allait le garder. Nous n'étions plus des enfants. J'avais vingt et un ans, lui vingt-sept. Nous étions assez vieux pour réaliser que nous ne voulions pas un enfant l'un de l'autre, que nous ne nous aimions plus. Assez vieux aussi pour nous poser la question. Nous aurions pu jouer au papa et à la maman. Juste une nuit. Juste en rêve. Juste pour m'aider.

Son silence. Son visage fermé

Nous sommes allés déjeuner. J'ai pleuré.

Il m'a insultée. J'aurais dû me lever, partir.

Il me faisait peur. Je me faisais peur de l'avoir aimé, d'avoir quelque chose de lui en moi.

Tout m'a paru répugnant, en lui, chez lui. Et moi qui m'étais laissé toucher.

Je haïssais ce que j'étais.

Et je m'en voulais de haïr cette vie qui montait en nausée.

Enceinte de presque trois mois, pas moi, Amanda, cette Amanda l'était... Elle ne cesse de se souvenir en moi.

Le sang qui a coulé doucement puis par caillots brunâtres et son amour qui s'en est allé, avec l'enfant, entre ses jambes.

Elle a pissé son amour en sang. Lui dormait, chez lui ou chez une autre. Il ne l'a pas appelée.

Amanda avait pris rendez-vous chez le médecin une semaine avant. Elle espérait qu'il lui dirait « c'est trop tard mademoiselle ». Mais non, on pouvait encore décider de ne pas aimer, de ne pas s'aimer.

Elle a choisi d'avaler des cachets. L'autre solution, celle où vous dormez puis vous rentrez chez vous, vide, lui paraissait trop simple.

Et puis, pour ne plus aimer, il faut souffrir. Surtout si on veut aimer à nouveau.

Il était tard pour choisir les cachets mais cette Amanda a insisté. On lui a donné un premier cachet pour maintenant et un autre pour le soir.

Ils étaient tout petits, ils n'étaient pas crédibles…

Elle les tenait fort dans sa main, elle a hésité à les faire glisser dans chaque caniveau, dans chaque bouche de métro…

Dans le bus pour rentrer, dans la rue, même dans les escaliers, elle a croisé des femmes enceintes.

Elle ne s'est jamais sentie aussi seule que depuis qu'elle était deux.

Et elle a espéré cette Amanda, et parfois elle espère encore, un œil sur son poignet, qu'il viendrait les libérer. Mais la trotteuse a fait son chemin, lui aussi, dans l'autre sens…

Elle s'est cachée sous ses draps, elle s'est mise en boule comme la chose en elle et elle a attendu. Les larmes sont venues avec le sang.

Elle revoyait le visage qu'elle avait aimé, qu'une Amanda aimait toujours en elle, toujours là, qui lui tapait contre les tempes.

Elle aurait voulu crier, elle aurait voulu hurler « Tu vois ? Tu vois comme je souffre ? ». Elle l'aurait voulu coupable, malade de chagrin, mais il dormait, chez lui ou chez une autre.

J'ai mis un premier suppositoire de Lamaline. Dedans, il y avait de l'opium. Ça me faisait rire ce nom : Lamaline, et ça me faisait peur mon rire. Puis, une fois qu'il avait fondu, j'en ai mis un autre, puis un autre, puis trop. Perdue dans mon malaise et inondée de sang, Amanda s'est vomi dessus. Amanda ou moi, il paraît que c'était moi, il paraît qu'on est les mêmes. Elle a eu la force de ramper aux toilettes, son corps était un steak. Le mien a changé, est-ce bien moi ?

Est-ce que c'était moi ?

Je ne m'en rappelle qu'à moitié, qu'en douleurs imagées.

Amanda sentait ses viscères, et ses jambes étaient faibles. Elle regrettait d'avoir mis ces médicaments en elle, elle voulait sa douleur, elle se voulait avec son corps, elle voulait se comprendre.

Elle ne voulait pas s'en vouloir après.

A sept heures, elle s'est nettoyée avec un coton et du lait démaquillant. Le même lait qui démaquillait les yeux qu'elle fardait pour lui. Elle était sale, la minute d'après, le sang ne s'arrêtait pas, combien de sang pouvait-elle cracher, combien ?

Alexandra est venue me chercher en taxi.

Je lui ai parlé, et j'ai entendu ma propre voix, vieillie, qui est bien ma voix désormais.

Accroupie dans l'ascenseur, j'ai cru que je me tuais aussi.

C'était dimanche, la rue était vide. Elle a articulé le nom de l'hôpital, puis je me suis allongée…

Alexandra pleurait. Elle a été tout ce qu'une amie peut-être. Tout. Elle a été plus qu'une sœur.

Je me dis que c'était trop douloureux pour Orianne. Je lui trouve des excuses. La vérité c'est qu'elle est sortie en boîte avec des copains, la vérité c'est que j'étais seule dans ce lit.

Est-ce bien la peine de raconter tous les détails ?

Les mains du gynéco dans son sang, son malaise incessant. Et comme il l'a couchée, en attendant d'être sûr, dans une salle à côté où on laissait les malades se reposer après leur chimio.

Est-ce bien la peine ? Et sa nuit de délire où elle lui avait crié je t'aime en pleine tête mais il avait perdu la tête sur le chemin, et face à elle il n'y avait personne.

Oui, ce n'est pas la peine.

Cette Amanda s'en souvient bien assez.

Moi je me rappelle les yeux d'Alexandra, les yeux qu'elle pose toujours sur moi et ses bras qui ont osé m'encercler pour une fois.

Moi qui suis si froide et si pudique.

Moi, je me souviens de Briag dans ma chambre au matin comme un soleil après la pluie, qui a écouté cette Amanda parler et qui l'a laissée sans un mot devenir celle que je suis aujourd'hui. Oui, le visage de Briag ce matin-là, je m'en souviens encore.

En quoi suis-je la même personne si je ne me souviens pas ? Si je ne me rappelle rien, même en faisant des efforts ? Suis-je différente d'une personne à qui je sers la main pour la première fois ? Si je refuse l'inconscient, si je refuse l'assimilation des mots, des sensations, si je pense être le fruit de mes souvenirs et de mon présent. Qui est cette petite fille qu'on a fait passer pour moi il y a vingt ans ? Qui sont ces images de mon passé ? Des parts de moi déjà mortes. Juste des petites filles à qui j'ai volé un prénom. J'essaye, j'essaye de tout mon cœur de me souvenir de tout. Juste parce que celle que je suis ce soir ne voudrait jamais mourir avant moi.

Alors…

Alors, mes premiers souvenirs…

Le tout premier, j'ai deux ans, les couloirs pleins de cartons. Orianne vient de naître donc nous devons déménager de notre appartement de l'avenue de Villiers.

Nous partirons le lendemain pour aller rue Jouffroy. Dans ma mémoire d'enfant, je bascule dans un monde complètement différent. J'ignore encore que je vais habiter dans l'immeuble de la sorcière, que notre gardienne s'appellera madame Poussin, j'ignore même que je ne remonterai plus jamais, jamais dans cette pièce.

Dans mon souvenir, mon père m'a raconté une histoire de superlapin, un personnage qu'il avait inventé pour moi.

La chambre est vide de jouets.

Il ne reste que mon lit et ma couverture nounours, dans laquelle je dors jusqu'à l'aube.

Je me lève, intriguée par le bruit des éboueurs que j'espionne tout au long de la rue...

Mes parents s'en souviennent. Il paraît d'ailleurs que j'épiais les éboueurs chaque matin. J'étais fascinée par l'idée qu'il puisse y avoir une vie pendant que tout le monde dormait.

Les éboueurs me faisaient croire aux anges, aux lutins et déjà en l'espoir de ma propre différence.

Rue Jouffroy, mon appartement donnera sur la cour...

Autre souvenir : aux Seychelles, j'ai presque trois ans puisque mes parents ont conçu Briag là-bas.

C'est très clair dans ma tête. Nous sommes tous les trois en haut d'un grand escalier en colimaçon qui donne sur le balcon de notre chambre d'hôtel. Orianne dort déjà.

Le soleil se couche, il vient de pleuvoir.

Je vois le premier arc-en-ciel de ma vie.

C'est mon premier souvenir précis et mon seul souvenir de mes parents qui s'aiment.

La seule image où je les vois comme une entité.

Après ce ne sera plus papa et maman, mais papa ou maman.

Il y a un film de mon anniversaire de quatre ans, est-ce pour ça que je m'en souviens ?

Pour être honnête je n'ai pas de sensation précise…

Je suis déguisée en princesse dans le salon de la rue Jouffroy.

Mon père anime un spectacle de marionnettes, j'ai invité tous mes copains. L'un d'entre eux est en Spiderman, il est resté mon ami le plus proche et je ne l'ai plus jamais appelé Romain.

Spiderman, donc, est près de moi, il me regarde comme il le fait encore aujourd'hui à moitié amusé, à moitié effrayé.

Il y a la belle Ombeline, les Soussan, mon cousin Sacha, Orianne en explorateur qui joue de la flûte à bec, Briag en gros bébé dans les bras de maman.

Derrière le drap tendu Guignol avec une voix de psy demande : « De qui fête-t-on l'anniversaire aujourd'hui ? »

Et tous les enfants clament en chœur mon prénom.

Alors Guignol reprend comme pour bien signifier qu'il ne me connaît pas « Mais c'est qui Amanda ? » et là ma voix couvre les autres « C'est moi ! La plus belle ! »

Que s'est-il passé entre ce jour-là et maintenant ?

C'est à Divonne-les-Bains, à la frontière suisse où mon père est interne, Orianne vient de naître, j'ai un peu plus de deux ans.

Nous prenons le vélo, ou plutôt il pédale, je monte dans le siège sur le porte-bagages. Je tiens une pizza de travers. Nous allons au bord du lac et là, il m'apprend à manger la pizza que j'ai broyée « al calzone », dans ma tête je me souviens que j'approuve mais que je me dis qu'il se trompe de nom, que c'est un sandwich de pizza.

Et puis nous cueillons des framboises fraîches. C'est délicieux.

J'ai mon bob bleu ciel, je me sens fière derrière mon papa.

J'écris tous les moments importants de ma vie dans un gros cahier marron que j'offrirai à mes petits-enfants, mes espoirs, mes histoires. J'y colle mes lettres d'amour, des photos. Je fais écrire dedans tous les gens que j'aime. Mon père a parlé de ce jour-là et du sentiment intense de liberté qu'il avait eu en traversant la frontière suisse en vélo.

Il m'avait demandé de m'en souvenir, de fermer les yeux très fort et de m'en souvenir.

Je fais souvent ça toute seule, je me souviens de ma concentration pour me souvenir, je me souviens de mes efforts, pas du souvenir. Mais cette balade en vélo avec mon père, ça je m'en rappelle toujours.

Je l'ai peut-être arrangée, transformée.

Pourtant, je crois voir encore le camion du

marché où l'on prenait des pizzas et l'odeur, et mes mains cramponnées à la chaise.

Je pense que les souvenirs sont différents des rêves quand ils sont partagés. Se rappeler ensemble, ça fait croire en la vie, au temps qui passe, ça fait croire qu'on est quelqu'un puisqu'on est deux. C'est ça l'amitié, rire pour se souvenir, pleurer pour en rire, se souvenir pour l'autre. Se souvenir au coin d'un feu.

C'est ce que je préfère après regarder la mer.

Le docteur Soleil s'est coupé les cheveux.

Ils ne sont plus en nuage tout autour de sa tête.

Je me suis demandé toute la séance si je devais lui dire ou pas.

Je me suis dit que si personne ne lui avait fait de commentaires sur sa coupe, il était peut-être vexé.

En même temps, je crois que ça ne se dit pas à son analyste. Je ne sais pas. Je me suis dit qu'il devait penser que je ne faisais pas attention à lui, que je parlais comme devant un miroir.

Ce qui voudrait dire qu'il est un bon analyste, ou pas ?

Ce qui voudrait dire que je suis une petite conne égocentrique.

Je sais pourtant qu'au moins quarante minutes par semaine, j'en ai le droit. Je paye même pour ça !

Mais je n'y arrive pas, j'ai toujours peur de blesser les gens.

On n'élimine pas un nuage autour de sa tête en pensant que ça va passer inaperçu quand même.

Il devait attendre un signe. J'aurais peut-être dû parler de mon coiffeur, glisser une remarque sur ses cheveux. J'aurais eu peur qu'il veuille bifurquer vers l'homosexualité et ça alors, je ne paye pas pour ça.

Je pense que je vais écrire à Woody Allen.

C'était ma troisième séance.

L'écriture me réveille la nuit.

L'écriture me réveille de cette plainte sourde qui vit en moi.

J'ai mal.

Je n'ai pas mal tout le temps. Le mal est intimement lié à un besoin d'écrire.

Je ne sais pas dans quel ordre ça se passe.

Est-ce l'écriture qui est douloureuse ou soulage-t-elle ma douleur ?

Ma douleur vient peut-être du fait de ne pas écrire, de ne pas écrire en permanence.

Je voudrais que l'écriture me laisse tranquille parfois, qu'elle comprenne que j'ai besoin de vivre, pour elle, pour que j'écrive mieux ensuite.

Mais elle est là, elle ronge et je dois faire sortir le pus, libérer la douleur, la laisser triompher de moi. L'écriture me délivre mais je la hais tout à la fois.

Si elle n'existait pas, je n'aurais pas de prison d'où me délivrer.

Je me souviens d'un éditeur qui m'avait demandé si je préférais écrire ou faire des enfants. Je me suis dit que c'était bien une question d'éditeur, mon gynécologue ne me l'a jamais posée et pourtant il me voit nue.

Je me demande parfois d'où naît cette envie si forte d'avoir un enfant de l'homme que j'aime.

Ce n'est pas une envie d'enfant dans l'absolu mais d'un enfant de lui. Est-ce que j'ai besoin de me mêler si intimement à sa chair qu'il me faut en créer une autre ?

C'est un sentiment étrange. Un sentiment artificiel peut-être, qui sert à continuer l'espèce.

Peu importe, ce sentiment existe en moi comme ma respiration.

J'en parlais à mon ami Didier.

J'imaginais ce petit corps qui naîtrait en moi. Ce visage mi-lui mi-moi. Et ça me faisait rire.

J'ai senti une douleur dans les yeux de Didier.

Il aime les hommes et il n'aura sans doute jamais d'enfant.

Je ne sais pas vraiment comment ce sentiment s'exprime dans les amours homosexuelles et je comprends les douleurs qu'il doit susciter s'il existe sans moyen de l'assouvir.

Je suis fascinée par cette histoire du pianiste Liberace et de son compagnon Scott.

Liberace est ce pianiste qui donnait des

concerts gigantesques habillé comme Elvis : un vrai ringard à qui est consacré un musée à Las Vegas. Liberace portait des tenues incroyables qui devaient peser près de dix kilos en boutons dorés et diamants.

Après des centaines d'aventures homosexuelles sans lendemain, il tombe fou amoureux de Scott qu'il engage comme chauffeur.

Il le traite comme une poule de luxe, le couvre de cadeaux, tout en exigeant une discrétion absolue puisqu'il n'a jamais assumé son homosexualité ni même avoué qu'il avait le sida.

Au bout d'une année de liaison, Liberace fait venir Scott dans sa chambre. Un médecin les attend et plusieurs portraits de Liberace jeune sont étalés dans la pièce. Liberace demande au chirurgien esthétique de refaire le visage de Scott à son image.

Et Scott accepte. Scott se fait refaire le nez, les pommettes, le menton, change de coupe de cheveux.

Scott prend la forme de son amant jeune.

Il en souffrira beaucoup physiquement et se gavera de calmants pendant des années.

Les quelques photos qui existent sont fascinantes.

C'est Liberace et lui-même dix ans plus tôt.

Liberace et son ombre plus lumineuse qui le suit.

Quelque temps après, Liberace quitte Scott.

Dégoûté de baiser son reflet tous les soirs, dégoûté par cet être qu'il a fabriqué tout entier.

Scott qui vit toujours vieillit avec la gueule de son ex-amant, de son ex-amant mort du sida.

Scott s'est tatoué l'âme comme la gueule, Scott n'est qu'un fantasme répugnant. Scott déambule dans la rue et croise dans la glace le reflet de sa vie ratée. Il est l'objet de sa haine et le résultat de son amour.

J'ai peur de tous ces couples qui finissent par se ressembler, par avoir les mêmes tics de langage, par manger la même chose au restaurant. Alors, ce couple…

Peut-être ai-je surestimé la puissance de cette histoire ?

Peut-être ai-je fabriqué une mythologie d'une simple histoire de pétasse ?

Peut-être que Scott s'est fait refaire la gueule comme on se fait refaire les seins ?

Peut-être qu'il sourit de son visage chaque jour puisqu'il s'est barré avec les diamants ? Je n'en sais rien.

Ce que je sais, c'est que je déteste me regarder pendant que je fais l'amour. Je trouve que c'est l'inverse de l'amour.

L'amour c'est s'oublier, pas pour devenir l'autre mais pour devenir rien, rien ensemble.

Tenter d'être le néant à deux.

Et c'est cette impossibilité qui est belle, qui fait que l'orgasme ne se prolonge pas. Qui fait pencher la tête vers d'autres corps aussi. Aimer, c'est croire qu'avec la personne d'en face, ce rien sera possible.

Mon désir d'enfant, d'un bout de mon reflet qui m'échappe, qui dépend de moi aussi n'est peut-être pas si différent de l'envie de Liberace ?

Je parle de cet enfant comme s'il existait, comme si j'étais enceinte.

Ça me rassure de visualiser ma vie, de ne rien regretter, de me dire qu'il y aura des moutons sur son papier peint.

Ralph, mon petit frère de huit ans, m'en parle beaucoup aussi.

Il exige déjà qu'il l'appelle tonton Ralph, l'idée qu'il va être tonton, pour lui c'est incroyable.

Parfois je me rends compte à quel point il est petit, quand il a froid au nez, qu'il se blottit contre moi, qu'il arrive en bas de mon manteau et qu'il plonge sa tête dans le morceau en fourrure.

Briag faisait la même chose avec maman.

Aujourd'hui, il se plie pour l'embrasser. Briag est un adulte. Il a une fiancée, tout un monde qui m'échappe. Orianne vieillit, elle devient une femme. Briag reste à jamais mon petit frère.

Je me souviens de Briag et de son poisson rouge, ou plutôt un petit poisson noir qu'il avait baptisé Globule à cause de ses yeux.

Globule mourait régulièrement une fois

par semaine, tous les lundis à l'heure du déjeuner.

Les poissons rouges n'aiment pas le lundi ; ça vient après le week-end, ça les rend dépressifs.

Je sortais à onze heures et demie du lycée Carnot, une demi-heure avant Briag.

Il fallait que je fonce rue du Rocher chez le marchand de poissons hebdomadaire muni du cadavre de Globule le vingt-septième du nom pour en trouver un vingt-huitième qui pourrait faire illusion comme ces prédécesseurs.

Et je courais avec mon sac plastique pour verser le poisson avant l'arrivée de Briag qui se jetait sur le bocal pour nourrir son Globule.

Les quantités déversées par Briag expliquaient pour beaucoup toutes ces morts prématurées.

Un jour, je reviens à peine du lycée. Je trouve Briag au-dessus du bocal en train de fourrer le cadavre de Globule 60 dans une boîte d'allumettes.

Je me sens alors le devoir de lui expliquer

certaines choses : « Briag, il faut qu'on parle, voilà, les poissons rouges, même quand ils sont noirs… » et je lui raconte des choses sur la vie, la mort. Je lui dis que même si Globule n'est pas circoncis on peut considérer qu'il est juif et donc qu'il n'a pas de risque d'aller en enfer même s'il a fricoté avec je ne sais quelle limande-sole, et je vois qu'il ne rit pas…

Il me prend la main très sérieusement et il me dit « tu sais Amanda, je sais que les poissons ça meurt plus vite que les hommes et je sais que ce Globule n'est pas Globule. Je te remercie de les avoir changés, je ne voulais pas te faire de la peine mais je ne suis plus un petit garçon. »

Orianne est arrivée, elle a attrapé le poisson par la queue et elle a annoncé son intention de le faire frire.

Briag et elle se sont alors poursuivis en riant dans la maison.

Moi, ça m'a fait pleurer.

Mes parents m'ont longtemps collé la honte. Je ne pense pas le leur avoir bien rendu à l'adolescence. J'aurais dû me faire punk ou me trouer la langue d'un piercing.

D'abord j'ai eu ces gants cousus dans mon manteau jusqu'à un âge assez tardif. Je les perdais. D'après eux, c'était une raison suffisante pour qu'ils pendent au bout d'élastiques comme pour les gosses de trois ans. J'ai dû avoir des bras de singe jusqu'à mes huit, neuf ans.

Les enfants qui étaient dans ma classe en primaire doivent se souvenir d'une espèce d'épouvantail...

Pour ma rentrée en sixième, j'ai obtenu la suppression de mes gants au bout des bras, et de ne pas me faire accompagner par mon père mais par une jeune fille qu'il avait recrutée parmi ses patientes.

Et puis quelques jours avant la fameuse rentrée en sixième j'ai demandé à mon père si je pouvais y aller avec Valérie Hazout.

Il m'avait dit que c'était une très bonne idée.

A l'heure cruciale, elle était venue en bas de la maison et mon père m'a présenté la jeune accompagnatrice... Je ne comprenais pas, je pensais que la présence de Valérie annulait celle de la baby-sitter ! J'ai crié, pleuré, rien à faire.

Je l'ai annoncé à Valérie en bas. Elle m'a dit qu'elle était désolée mais que c'était un peu honteux d'arriver au lycée avec une nounou.

« On se retrouve en classe ? »

Et elle a marché devant.

A Noël, on m'offrait toujours des pulls tricotés, avec des poussins comme pour renforcer ma propre tête d'oiseau.

J'avais deux années de différence avec les autres élèves et ça se voyait.

Je n'avais aucune raison d'avoir de l'avance et ça se sentait aussi.

Ce n'était pas vraiment le résultat d'une envie de mes professeurs, plutôt d'une demande parentale hystérique qui leur permettait de cautionner leur propre intelligence dans les dîners.

L'été de mes huit ans, nous sommes partis avec ma mère aux Arcs pour les vacances d'été.

Elle m'a inscrite dans le groupe de sport des douze ans et plus : « les cadets » je crois.

Elle m'avait sorti une connerie du genre, « génial, comme les mousquetaires ». Et puis elle m'avait dit « avec les enfants de ton âge tu vas t'ennuyer, ils ne sont pas assez intelligents ».

Elle n'avait pas compris que pour le tir à l'arc je n'avais pas l'air d'une lumière mais d'une naine invertébrée.

Le prof m'avait regardée avec mépris : « Amanda, est-ce que tu as vraiment douze ans ? » Et j'avais dit oui parce que ma mère m'avait fait jurer que j'avais douze ans pour la durée du séjour.

J'avais confirmé, j'avais menti sur mon année de naissance. On aurait dit un interrogatoire nazi avec le prof de tir à l'arc en général de la Gestapo et moi qui jurais, j'ai douze ans, j'ai douze ans, comme s'il s'agissait de ma survie.

Je rentrais avec des crampes incroyables. Les autres riaient et m'appelaient « Passe-Partout ». La honte, la honte.

J'ai fini par leur dire la vérité parce que l'arc était trop lourd, qu'ils marchaient plus vite dans les montagnes et que ce n'était pas si grave. Maman a trouvé ça grave « Pourquoi tu l'as dit ? T'es bien avancée, tu vas finir chez les poussins ! »

Chouette, je me suis dit, j'aurai l'air moins con avec mes tee-shirts de poussins assortis à mes pulls d'hiver et à ma tête immuable de poussin.

Ma mère s'est excusée après, elle a dit que ce n'était pas de ma faute mais celle du prof qui était un abruti.

Le lendemain je me suis retrouvée avec une bande de petits mômes pas très intelligents.

Autre motif de honte…

Les poèmes en anglais que je devais réciter devant des assemblées familiales ou dans des dîners, ou à un ami de maman ou à un type qu'on rencontrait dans le bus. « Allez fais pas ta timide, allez juste une fois ! Ça vaut pas la peine de payer une fortune l'école bilingue si tu ne sais même pas chanter *Jingle bells* ! »

Et les youyous de ma grand-mère à la fin de la représentation du *Songe d'une nuit d'été* au lycée Carnot…

Suivis de près par un « on va la marier » et par un autre youyou.

La honte, mon père qui vient me chercher en perfecto après les répet' avec son groupe.

Et ma mère qui danse le twist à mes boums.

Et papa, toujours lui, qui nous faisait descendre en pyjama et en chaussons à la poste de l'angle de la rue pour nous apprendre la liberté ! Et moi qui croisais un garçon et qui devenais toute rouge. « C'est pour un pari, le pyjama... » Ouais...

Et puis j'ai fini par m'en foutre de ce que les gens pouvaient bien penser de moi.

Tout le monde n'est pas obligé de m'aimer.

D'ailleurs je n'aime pas suffisamment de monde pour l'exiger des autres.

Il y a des gens, c'est spontané, je ne peux pas les voir.

Et ils peuvent faire ce qu'ils veulent, m'offrir des chocolats, me cirer les pompes, faire des sourires tout miel, je ne peux pas les voir.

Et d'ailleurs j'aimerais bien qu'ils en fassent autant, j'aimerais qu'on ne puisse pas se blairer réciproquement.

Mais souvent ces gens-là me collent, ou pire, ils tombent amoureux de moi.

C'est comme Talisman (à prononcer comme Superman) un type qu'on appelait Talisman parce qu'il se collait à notre groupe et qu'on ne lui avait pas trouvé d'autre rôle que celui d'un vague porte-bonheur.

Vu le nombre de tuiles qui lui tombaient sur la tête, il devait être un genre de paratonnerre contre la poisse.

Talisman a une tête de caniche, des cheveux longs tout frisés. Une voix de caniche. Et surtout un regard de caniche.

Il m'insupporte. Il me dégoûte. C'est affreux, il est gentil et bienveillant mais je pourrais lui rouler dessus en bagnole.

Et je suis une personne gentille.

Je crois pas que je le ferais pour de bon mais je peux l'envisager.

Talisman est tombé amoureux de moi.

Il m'a fait une déclaration d'amour à la guitare.

Voilà, ça c'est un souvenir odieux.

On a beau en rire avec mes amis, j'ai beau l'imaginer sous les roues de ma voiture, ça me fait beaucoup de peine.

J'aurais bien voulu aimer Talisman, même un peu ; mais je ne peux pas.

Il y a des gens comme ça qui ne servent qu'à vous culpabiliser et que vous finissez par prendre en affection comme un animal puant.

Il a dû beaucoup pleurer, il doit être sensible et triste.

Et même les gens bêtes trouvent le moyen d'être tristes quand ils ne votent pas pour en éliminer d'autres à la télé.

Toutes ces larmes qui débordent du cœur des gens.

Toutes ces filles qui pleurent seules la nuit.

Tous ces gens qui se croisent.

Tous ces nez. Toutes ces figures. Toutes ces odeurs de peau.

Et ces meurtres. Et ces ventres qui enflent. Et les gorges. Et ceux qui rient. Et ceux qui ne se réveillent plus.

## *Ma place sur la photo*

Qui suis-je dans tout ça ? Et où m'emmène ma vie ?

Est-ce que j'ai vraiment envie de les faire rire, de les faire pleurer ?

Où est ma place sur la photo ?

Est-ce que je ne pense qu'à ma gueule ?

Ma gueule qui ressemble à cent autres. Et mes yeux toujours bleus, toujours tristes.

« Tu serais le prince et je serais la princesse. »

« Pourquoi c'est toujours toi la princesse ? »

« Tu sais faire la révérence ? »

Face à la pénurie de jeux et de rôles proposés par nos livres d'enfants, nous avons créé les picoutoires. On avait chacun une dizaine de personnages. Plusieurs voix. Les histoires, on les inventait. C'étaient des histoires très drôles. On a fini par développer une certaine schizophrénie mais on ne se disputait jamais et plus le temps passait plus on s'est rendu compte qu'il était plus amusant d'être un personnage complexe avec des défauts, que les belles princesses font chier tout le monde, même les princes.

Mon personnage préféré était celui d'une «picoutoirette» bourgeoise, mariée à un savant fou. Bien sous tous rapports, elle cachait une tendance alcoolique. Elle était complètement névrosée.

Elle s'appelait Gabri, elle portait des serre-tête et du bleu marine.

Je parle d'elle au passé mais elle est bien vivante. Nous avons un langage et une grammaire que nous sommes les seuls à comprendre. Nous parlons en tirant la langue et en froissant le nez.

Dés qu'on n'est pas d'accord, on parle picoutoire, ça dédramatise.

En ce moment on est de moins en moins d'accord.

On parle de politique, de notre futur, de notre façon de voir la vie. On grandit, on se forge des opinions, des amitiés adultes, on aime, on évolue chacun de son côté.

On se retrouve différents et c'est étrange.

J'espère que ça ne changera rien.

J'espère que les frères et sœurs ce n'est pas

comme les amis, j'espère qu'on s'aime quoi qu'il advienne.

La vie est étrange, on a vécu vingt ans ensemble et voilà qu'on se sépare.

On ne peut plus se parler à tout moment, on se donne des rendez-vous, on déjeune ensemble.

Bientôt nous aurons des enfants, une vie qui nous prendra du temps et je m'entendrai dire :

« Tiens ! Il faut que je l'appelle, on s'est pas vus depuis longtemps. »

Je ne me souviens pas qu'Orianne n'ait pas existé.

Jc me souviens de la première fois que j'ai vu Briag.

Orianne et moi nous avions la varicelle.

Papi et mamie étaient venus nous garder.

Nous avions des gants pour nous gratter sans laisser de marques. Nous dormions dans la chambre de papa et maman pendant qu'ils étaient à la clinique.

Quand mes parents sont revenus à la maison avec Briag, j'étais guérie et je n'étais plus contagieuse ; Orianne en revanche n'avait pas le droit de sortir de la chambre ni d'approcher le bébé.

Je suis donc allée seule à la rencontre de mon frère.

Il était dans un landau, posé dans le salon de la rue Jouffroy sur la grande caisse en bois qui contenait les vinyles de papas ; ainsi, il était à la hauteur de mon regard.

Je l'observais et je courais fournir des détails à Orianne, très intriguée.

« Il est gros ! »

« Il a des grands yeux verts bizarres ! »

Et je repartais en courant…

« Il sent le lait »

« Il fait aucun bruit ! »

Je me souviens clairement de cette course pour décrire Briag bébé à Orianne.

Et du petit visage plein de boutons de ma sœur qui attendait, fascinée, l'autorisation de découvrir elle aussi son petit frère.

J'ai le souvenir d'une époque où Orianne et Briag rêvaient de passer leurs vacances dans un camping-car.

C'était pour eux le comble du luxe...

Ils avaient même raconté à l'école que nous en possédions un parfaitement équipé.

Une caravane rutilante que mon père conduisait.

C'était devenu leur obsession, à tel point que ma mère avait tenté de les apaiser en leur offrant un camping-car Playmobil.

Ils y jouaient sans cesse.

Ils s'imaginaient des choses incroyables : une piscine sur le toit en forme de cœur, des amplis extérieurs qui diffuseraient une musique tout au long du voyage, un barbecue pliable...

Ils ont commencé à remplir tous les formulaires de jeux-concours qui permettaient de gagner un camping-car, au nom de mon père.

Des dizaines, des vingtaines de papiers.

Des centaines de discussions avec mon

père et de pleurnicheries « mais pourquoi on peut pas en avoir un ? Pourquoi ? »

Et moi qui étais exclue parce que je trouvais ça plouc.

Enfin le pire est arrivé, ils sont parvenus en finale d'un grand concours organisé par le salon du tourisme.

Tous les finalistes (et donc mon père) étaient invités à se rendre sur place : Porte de Versailles, pour parler de leur passion du camping : celui qui en parlerait le mieux (à l'applaudimètre) remporterait un magnifique camping-car rouge aux jantes alu.

Malheureusement, ou heureusement pour mon père, la date de la finale à la Porte de Versailles coïncidait avec un grand congrès de psychiatrie au Japon.

Le concours d'éloquence sur les joies du camping devenait donc impossible.

Orianne et Briag durent s'y résoudre.

Le jour du départ de papa pour le Japon, ils restèrent jouer tristement dans leurs chambres avec le camping-car Playmobil.

Il fut question ce jour-là d'un accident de la route provoqué par un Japonais qui se croyait fort en karaté mais qui ignorait que des missiles étaient cachés dans les manettes secrètes de la caravane…

Quant à moi, je devais lancer un verre d'eau derrière papa pour lui souhaiter bonne chance comme le veut la tradition tunisienne.
Je me souviens avoir mal visé, arrosé ses chaussures et le bas de son pantalon. Il a dû se changer et il a failli rater l'avion.

Peu de temps après son retour, on a rencontré sa nouvelle nana. C'était Danuté, une Lituanienne aux narines de vache.
Papa la trouvait sublime, elle ressemblait à une jument rousse. Elle disait qu'elle avait été mannequin mais que désormais, elle allait devenir comédienne.
Elle appliquait de la crème au concombre le matin, c'était une infection et papa nous obligeait à l'embrasser.

Elle s'est tout de suite mise à changer la décoration de l'appartement.

Avec du recul, je ne peux l'en blâmer.

Le problème, c'est qu'elle nous confondait avec les meubles et qu'elle nous aurait bien laissés sur un trottoir aux puces.

A l'époque, nous la trouvions injuste et cruelle.

Elle l'était sans doute, même si je suis capable aujourd'hui de mesurer comme il devait être dur d'avoir en permanence sous les yeux trois preuves persistantes d'un amour passé.

Je me dis aussi que personne ne l'obligeait à être folle amoureuse d'un psy chauve, divorcé avec trois enfants.

Elle pressait du citron directement sur nos plaies.

Elle nous interdisait de choisir nos cerises. Il fallait fermer les yeux et les prendre au hasard...

Elle obligeait Briag à laver ses draps avant d'aller à l'école quand il faisait pipi au lit. Briag avait six ans.

Elle allait être éliminée, c'était tout.

Je crois que pour une belle-mère en sursis, il n'y a pas plus effrayant qu'Orianne.

Elle leur parlait en face avec des répliques cinglantes dignes d'un feuilleton TV.

« Tu veux la guerre. Tu l'auras. Et même si on se trompe. Nous on est des enfants, ses enfants, il ne nous arrivera rien. Toi par contre… »

Et là, regard…

Et là, effectivement, un mois après le déclenchement de l'offensive (mise à l'eau de ses chaussures, coupe de cheveux pendant la nuit, etc…) elle a dégagé.

Elle avait pris un appartement près de la Maison de la Radio où nous sommes venus lui rendre visite et où papa avait dû laisser une brosse à dents mais c'était déjà trop tard.

Une dernière tentative lors d'un pique-nique, match de foot à Bagatelle où Briag lui a cassé le pied. Il a du y mettre toutes ses forces, c'est drôlement bien pour un bout de chou.

Nous étions des enfants adorables.

La mascarade avait quand même duré deux ans. Peu de temps après, Isabelle est venue la remplacer.

J'ai vu Danuté une fois dans une sitcom où elle jouait une vieille méchante. On n'échappe pas à son destin.

Parfois, je voudrais revoir ces gens qui ont fait partie de ma vie. Savoir ce qu'ils sont devenus, comment ils se souviennent de nous.

On n'a pas dû être que méchants, ni elle ni nous.

Je voudrais savoir si Danuté est heureuse, si elle a des enfants.

Je pense souvent à Joséphine, la fille de Jacques que j'ai considérée comme ma sœur pendant près de dix ans.

Et hop, maman et son père divorcent et on ne se revoit plus. Je voudrais savoir si elle a beaucoup pleuré, si elle repense à nos balades à poney. Revoir tous nos amis de la campagne.

On ne croise jamais les personnes qu'il faudrait, juste celles qu'on ne veut pas revoir. On devrait acheter un beau camping-car rouge, faire un petit tour et revoir du monde…

J'ai 24 ans, je suis dans les sables mouvants du Mont-Saint-Michel.

Pendant longtemps, personne n'a été là pour me sauver.

Cette nuit, j'ai eu peur, il y avait un courant d'air glacial comme si quelqu'un avait ouvert une porte ; puis des grincements.

J'ai réveillé mon fiancé, je me suis blottie contre lui.

Ça m'a rassurée. Non pas de ne plus être seule, mais d'avoir quelque chose à perdre.

Quand j'étais plus petite, dans ma maison de campagne, il y avait toujours des bruits, nous étions souvent là-bas sans nos parents avec des bandes de copains.

J'étais toujours celle qui allait vérifier que tout allait bien.

Pas spécialement parce que j'étais courageuse, juste parce que je me disais qu'il pourrait se passer quelque chose dans ma vie.

J'espérais qu'il y aurait des cambrioleurs ou un fantôme ou un vieillard fou le visage éclairé d'une lanterne.

Je regardais cette bande d'avortons prépubères qui profitaient du noir pour se peloter et je descendais avec une lampe-torche.

Le danger, même l'effroi, même la mort, c'était toujours mieux que ça. Un trou noir, toujours mieux que mon ennui, toujours mieux que la lenteur des sables mouvants.

L'amour ne me fait pas quitter les sables. Il m'aide à les oublier parfois ; de plus en plus souvent.

Mes amis ont toujours cette image de moi avec ma lampe-torche…

Cette Amanda qui n'a pas froid aux yeux, cette Amanda avec qui les garçons n'osaient pas flirter pendant les pannes de courant.

Cette Amanda glacée qui ne prenait personne dans ses bras.

Ce trait est resté si ancré, il existe tellement dans toutes les lignes de mon visage, toutes les facettes de ma personnalité, dans ma façon de m'exprimer, mon port de tête, peu importe ce que je fais, j'ai l'air d'une fille qui décide, d'une fille qu'on ne prend pas dans ses bras.

Mes amis m'ont souvent dit que je leur faisais peur, que j'avais l'air de ne pas pouvoir supporter une étreinte.

Il leur est arrivé de vouloir me protéger, mais même lorsque je pleure, même quand je m'abandonne et que je me brise devant eux, ils n'osent pas.

Ça m'a aidée probablement à ce qu'on ne me traite jamais de salope.

Les hommes avec qui j'ai fait l'amour très vite ont toujours senti qu'il s'agissait d'une forme de faveur et que j'étais digne d'être aimée.

Sans que je leur dise rien, ils affirmaient savoir que ce n'était pas dans mes habitudes, qu'avec eux, c'était spécial.

Il m'est arrivé de dire des choses très fortes, tout de suite, à des hommes que je croyais aimer sincèrement... et qui me dégoûtaient quelques orgasmes plus tard...

Pourquoi Amanda ? Pourquoi tu leur as dit que tu n'avais jamais ressenti ça ? Pourquoi tu leur as donné tout ça si c'était pour le reprendre après ?

Je n'en sais rien et ce n'est pas important. Je ne peux pas me soucier de leur peine, après. Je n'ai pas menti, je ne peux pas m'en vouloir.

Ce n'est pas une vengeance, ce n'est pas davantage une méchanceté.

C'est juste la vie, on aime et puis plus.

Et comme je le sais bien fort dans moi, j'ai peur qu'un jour il ne m'aime plus. Lui, celui que j'ai décidé d'aimer pour la vie.

Celui à qui je donne plus que l'amour puisque je le mêle à la raison, à ce que je crois de ciel, à mes dessins, à mon passé.

Lui, qui devait être là les jours où je descendais dans les escaliers froids à la campagne.

Puisque ce n'était pas un fantôme que j'attendais de voir mais lui, c'était bien lui.

J'attendais qu'il vienne me sauver du rien du tout.

J'attendais qu'il m'offre quelque chose à perdre.

A présent, j'ai peur, maintenant dès qu'il y a un bruit, je m'autorise à être une fille, je me recroqueville derrière son dos, je laisse mon cœur battre et je le laisse l'entendre. Il me rend féminine.

Il fait que je me sens belle et minuscule.

Il me laisse être fragile et sensible. Je ne cache plus mes larmes au cinéma. Il gomme les garçons manqués qui courent en moi.

Parfois, ils ressurgissent pour me dire de faire gaffe, on peut toujours avoir besoin d'eux. Je ne suis pas à l'abri de l'abandon.

Le docteur Soleil m'a bien fait comprendre que je ne pouvais pas sans cesse arriver en retard.

Il faut que je m'accorde ce temps pour moi et moi seule.

Je ne peux pas laisser tout ce qui précisément me pose problème m'empêcher de venir en parler.

Je dois choisir.

Je ne peux pas dire c'est à cause de mon oncle qui... ou... c'est ma mère, j'ai dû...

Non, ils ne peuvent pas arriver comme des justifications mais au hasard de mes pensées ou parce que je le veux.

Le docteur Soleil m'a dit qu'ils venaient tous ici avec moi dans ma tête, et que c'était suffisant.

Et quand il a dit ça son cabinet m'est soudain apparu comme un vaste salon de thé.

Ma mère, mon père, mon amoureux, Luigi...

Je les ai tous imaginés assis dans un coin, sur le divan ou debout contre la vitre.

Ce qui m'a frappée quand je les visualisais c'est qu'ils avaient tous leur manteau. Ma grand-mère avait même son sac à main sur les genoux.

Je me suis dit que j'étais prête à arriver à l'heure. Le cabinet du docteur Soleil était mon endroit, au moins quarante minutes par semaine.

Je suppose qu'il faut un propos pour s'écrire.

Il faut se prendre en affection ou en grippe.

Il faut prendre la main à toutes les Amanda. Je ne sais pas trop comment tout ça revient à la surface.

Souvent l'écriture va chercher des choses anodines…

Je fais juste partie du tourbillon de chairs qui s'enfoncent dans la terre.

Je m'en rends compte très souvent et ça fait mal.

Ma vie est une course absurde derrière la différence, l'exception, la pureté.

A quoi bon ? Qu'est-ce qui m'empêchera de pourrir ?

Quand j'étais enfant, j'avais une amie qui cachait ses miroirs.

Je ne m'en suis pas rendu compte tout de suite. Je me souviens qu'elle avait un grand miroir dans sa chambre au-dessus de la cheminée.

Il y avait des feuilles à dessin devant, des feuilles blanches.

Nous jouions par terre avec des poupées, ce qui m'ennuyait assez.

Elle avait une superbe boîte de peinture à l'eau, je lui ai suggéré de peindre. Elle m'a dit qu'elle n'avait pas de feuilles.

Je lui ai montré celles de la cheminée, elle a changé de sujet.

Je voulais vraiment peindre.

Elle m'a prise par la main, on a mis de la musique et on a fait les folles. Moi je faisais semblant parce que je me disais que ce n'était pas normal.

En classe elle adorait peindre, elle faisait toujours des traits colorés de plusieurs couleurs, parfaitement symétriques.

Un mois plus tard, je suis partie en vacances chez elle.

Sa maman était très belle et très sévère. Elle répétait sans cesse à sa fille qu'elle était « délicieuse », et quand elle parlait à ma mère elle disait quelle voulait « ce qu'il y avait de mieux pour son enfant ».

Margot était jolie, elle avait toujours les meilleures notes et les plus belles robes.

C'était bien d'être copine avec elle parce

que moi j'étais la plus petite et la plus maladroite mais je la faisais rire et elle m'aidait à peindre les boîtes de camembert pour les cadeaux de fête des Mères.

Margot était déjà une femme.

Margot était déjà celle que j'espère être à trente ans, avec du démaquillant dans son sac, les ongles impeccables, les cheveux toujours démêlés.

Dans leur château où nous passions nos vacances, le premier jour, Margot a mis des feuilles devant le miroir de sa chambre et une serviette devant celui de la salle de bains.

Je ne lui ai pas demandé pourquoi.

Le soir quand je me brossais les dents, je levais un coin de la serviette pour vérifier mes quenottes et aussi que je n'avais pas changé de visage.

Tous les jours après le goûter sa mère l'appelait.

Je restais seule dans la chambre pendant un long moment.

Un jour en me promenant dans les couloirs, j'ai vu par la porte entrouverte Margot qui se faisait coiffer par le drôle de monsieur monté sur ressorts qui nous avait suivies en vacances.

Sa mère à côté faisait des réflexions sur son brushing. Et puis elle s'est mise devant Margot et elle lui a mis du fond de teint avec une éponge et de la poudre et du rimmel.

Je suis rentrée dans la chambre tout doucement.

Je me suis demandé pourquoi Margot n'aimait pas se voir dans la glace, elle qui était si belle…

Le dernier jour, alors que comme d'habitude Margot avait disparu après le goûter, j'ai arraché l'une des feuilles de la cheminée.

Je me suis assise avec des feutres et je me suis concentrée. J'ai mis tout mon cœur à dessiner Margot. La plus belle Margot qu'on puisse imaginer. Je n'étais pas douée et je me concentrais pour ne pas rater, pour que son nez soit fin, que ses lèvres sourient.

Pour que ses yeux soit du plus beau des bleus, j'avais mis des petits points de ciel dans le marine.

J'ai posé le dessin au milieu du miroir.

Je sais qu'elle l'a vu tout de suite, je pense que son cœur battait fort.

Nous devions prendre la voiture pour rentrer à Paris.

Nous somme sorties, elle se taisait toujours.

Et puis dans la voiture, juste avant de partir elle a couru avec son cartable sur le dos. Elle avait oublié quelque chose.

Sa mère a regardé mes mains pleines de feutre, elle a eu l'air dégoûtée et elle m'a fait un sourire de pitié.

Je m'en souviens parce qu'à ce moment-là je me suis sentie forte et heureuse qu'elle ne m'aime pas.

Je n'aurais pas voulu qu'elle me trouve délicieuse.

Margot est montée dans la voiture.

Je n'ai jamais su si c'était le dessin qu'elle était allée chercher.

Je me souviens de ce dessin comme de mon premier geste d'amour conscient, comme la première bouée que j'ai jetée à la mer.

Nous nous sommes moins vues après. Margot était fuyante.

Je l'ai croisée il y a quelque temps en boîte de nuit.

C'est elle qui m'a reconnue. Elle est boulotte et elle laisse les mains des gens se balader sur elle.

Je me suis demandé si elle avait gardé mon dessin.

Cette nuit j'ai croisé une fille qui pleurait.

On ne croise jamais d'hommes en larmes. C'est un truc de fille de marcher seule la nuit les joues mouillées.

J'aurais bien voulu lui parler mais je ne savais pas quoi lui dire.

Je me suis souvenue que j'avais souvent été dans cet état.

Dans ces moments-là, je m'attendais à ce qu'il m'arrive quelque chose et en même temps je voulais surtout qu'il ne m'arrive rien. Qu'on me laisse avoir un peu froid, remonter mon col et être plus forte que le reste.

Mais la nuit dernière, je marchais sans pleurer, juste comme ça.

Dans le quartier de maman. Dans le dix-septième de mon enfance.

Je n'avais pas ma voiture. Je ne voulais aller nulle part, juste marcher.

Je me suis retrouvée devant les grilles du parc Monceau. J'aurais voulu qu'elles soient ouvertes. Je les ai secouées...

Comme si les grilles de mon enfance m'étaient fermées ce soir.

J'ai pensé à escalader mais c'était trop dangereux. Alors j'ai regardé à travers les grilles, comme en prison de ma vie actuelle, comme si je n'avais pas le droit de revenir en arrière, comme s'il était temps de grandir.

Je me suis revue dans ma poussette.

Je préférais les pommes d'amour mais j'avais pas des dents costauds et les gaufres ça se finit trop vite, je prenais des barbes à papa, à la rotonde du parc Monceau.

La marchande m'aimait bien, c'était la mère du gros des balançoires.

Elle m'en mettait plein, elle m'adorait, c'étaient des triples, des barbes de patriarche. Pour parler en boules de glace, c'était comme deux boules supplémentaires. Je tenais le petit bout de bois à deux mains et je me lançais, il y en avait pour une demi-heure.

Je crois qu'on devient grand quand on a honte de plonger sa tête dans la barbe à papa, quand on a peur de croiser quelqu'un avec le visage en sucre. Les petits mangent de bon cœur, ils s'en collent plein la cagoule.

Assis dans leurs poussettes, les petits avancent, leurs yeux dépassent de chaque côté du rose mousseux.

Quand les petits ont des barbes roses, ils volent la vedette à leur maman.

Et vous croisez leurs regards, et vous souriez. Et vous vous dites qu'un jour votre petit vous fera un bisou collant, dégueu, délicieux.

Notre destin se grave dans les regards et les sourires de notre enfance.

Il paraît qu'il peut être blotti là notre homme idéal, dans une part de souvenir, dans un sourire en barbe à papa. Freud n'a pas donné de couleur à son Œdipe, moi je le vois rose et au parc Monceau.

Je me dis qu'une des Amanda qui me souffle des secrets a dû croiser mon futur fiancé du bas de sa poussette, que ses yeux bleus l'ont appelé.

Il devait être en train de quitter une sotte, il n'avait pas mangé depuis la veille.

Il avait à peu près l'âge que j'ai aujourd'hui. Il m'aurait bien fait faire un tour de manège contre ma barbe à papa.

Voilà, ça a mis vingt ans mais je suis montée, ça tourne, ça fait peur, ça va pas assez vite pour crier pour de bon mais il y a plein de sourires, des gens inquiets, des dames tout autour qui font des concours de goûters et c'est rose comme la barbe qui attend mon amoureux et les joues de notre voyage.

Cette nuit je suis de l'autre côté des grilles du parc.

Du côté des mamans.

Les enfants ne voient jamais le parc la nuit.

Ma grand-mère a été malade toute ma vie, peut-être même toute la sienne.

Elle se plaignait sans arrêt et avec perspicacité de ce qu'elle allait mourir.

Il fallait qu'elle appelle sans cesse mon père, pour lui demander un conseil, une prescription ou même de venir en urgence prendre sa tension.

Je ne sais pas si elle avait réalisé qu'il était non seulement médecin mais aussi et surtout psychiatre et psychanalyste. Je ne sais pas si elle a pensé qu'il y avait une corrélation.

Je ne crois pas que mon père lui ait conseillé de faire une analyse, je suppose qu'il ne voulait pas que quelqu'un sache ce qu'elle avait dans la tête et surtout pas elle.

Quand on nous a annoncé qu'elle avait un cancer, ça ne nous a pas étonnés plus que ça.

C'était une sorte de palme d'or après une multitude de vulgaires grippes, pneumonies, fractures du col du fémur non visibles à la radio, maux de tête atroces dus probablement à une tumeur indétectable, et rhumatismes en tous genres.

Quand on nous a annoncé qu'elle avait un cancer, on s'était fait à l'idée qu'elle ne mourrait jamais, que c'était la vie, qu'on ne se poserait pas la question et puis que rien ne changerait.

Sa maladie constante était un gage de son immortalité.

Un jour, nous étions allées la voir Orianne et moi.

Elle m'a appelée dans la cuisine pour que je lui ouvre un pot de confiture. Il résistait à ses mains tremblantes, toutes fines.

Je me souviens bien de ses mains.

Elle avait de si belles mains. Je m'en rends compte seulement maintenant, je ne m'en suis jamais fait la réflexion.

Je revois ses mains, ses doigts longs…

Elle m'était apparue si petite ce jour-là.

Elle avait un cancer depuis près de deux ans et sortait d'un long séjour à l'hôpital, je la pensais guérie.

Elle avait maigri, elle était toute frêle et son poids me la montrait petite.

Elle m'a dit « Amanda, je ne te l'ai jamais dit mais je t'aime ma fille, je t'aime, sois heureuse ».

Elle s'est mise à pleurer, je l'ai prise dans mes bras. J'ai eu peur de la casser.

Et sa poitrine si généreuse contre laquelle nous nous blottissions enfants n'était plus là.

L'un de ses seins avait fondu, l'autre, on le lui avait retiré avec la tumeur.

Je l'ai serrée et cette fois-ci, j'ai su que c'était fini, et j'ai su qu'elle le savait.

Elle m'a demandé de quitter le garçon avec qui j'étais.

Elle pensait qu'il était méchant.

Je ne l'aimais plus déjà, déjà j'avais avorté.

Elle m'a fait promettre d'épouser un juif.

Et j'ai répondu qu'elle serait à mon mariage.

Orianne est arrivée, nous avons pleuré toutes les trois.

Avec la confiture d'abricots nous avons fait des tartines.

Orianne s'est mise au piano et elle a chanté.

Mémé Gladys ne pleurait plus.

Le lendemain, elle entrait à l'hôpital.

Tout s'est dégradé très vite, deux jours après, elle ne parlait plus.

« C'est la fin », nous a prévenus mon père.

Nous pouvions aller la voir une dernière fois mais il nous le déconseillait.

Il préférait que nous gardions une belle image d'elle.

Elle était sous morphine, incapable de parler.

C'était la dernière semaine de préparation de mon premier court métrage. Je n'y connaissais rien.

J'avais tout monté de bric et de broc et je me retrouvais avec une équipe de quarante personnes qui employaient des termes techniques dont je ne connaissais pas la signification.

Les repérages, les figurants et comment j'imaginais les costumes et la peinture du décor et les angoisses des comédiens et la régie qui s'engueule avec les producteurs, et la police qui refuse de nous protéger dans le quartier chaud où je veux tourner et les assurances qui n'assurent plus, et le maquillage et les essais caméras, et ce garçon qui ne veut pas rompre et les machinos, et les rails de travelling et le chef opérateur qui veut comprendre pourquoi ce plan et pas celui-là, et la scripte qui veut un papier spécial et les plans de travail et les feuilles de services et les camions pour les électros et ma grand-mère qui meurt.

J'ai éteint mon téléphone.

Je suis allée à Boulogne à l'hôpital Ambroise-Paré.

Je me souviens qu'il y avait des problèmes d'ascenseur qui n'arrivait pas et que prise d'angoisse, j'ai monté les marches quatre à quatre.

Je m'attendais à être seule.

Mon oncle André était dans le couloir, il m'a dit que c'était gentil d'être venue.

Ce n'était pas gentil, c'était aussi pour moi, parce que c'était ma grand-mère.

Mon autre oncle, Philippe, était à l'intérieur, « Pipo le pauvre » était près de sa mère.

On m'a donné une blouse bleue, des chaussons et un masque.

Je suis entrée. Philippe était brisé.

Il a été très doux, il m'a laissée seule avec mémé.

Elle marmonnait des choses inaudibles, elle secouait la tête, elle gémissait.

Je me suis penchée au-dessus d'elle.

Je lui ai dit que je l'aimais aussi.

Je lui ai dit qu'elle s'en sortirait, qu'elle serait à mon mariage et que je lui promettais là, sur son lit d'hôpital, je lui promettais que j'allais épouser un juif.

Elle a arrêté de gémir.

Elle a tenté d'esquisser un sourire mais son visage était convulsé.

Je lui ai dit au revoir.

Je suis sortie de la pièce et je me suis effondrée.

J'ai pleuré, ça me faisait mal tellement je pleurais.

Mon oncle André m'a prise dans ses bras. Et j'ai pleuré longtemps.

Il n'avait jamais eu de geste affectueux envers moi mais là je pleurais, je pleurais pour ma grand-mère, je pleurais pour cet enfant que je n'avais pas eu, je pleurais d'avoir cru aimer si fort, je pleurais d'être si seule, je pleurais d'avoir des responsabilités, de ne pas pouvoir craquer, partir, je pleurais qu'il y ait un demain, qu'il y ait un après.

Je pleurais tout ça dans les bras de mon oncle.

Je ne lui ai jamais dit mais ça m'a fait du bien comme si ç'avait été les bras de mon père dans lesquels je n'ai pas pleuré depuis mes quatre ans.

Ma grand-mère est morte une heure après.

Les trois frères sont partis enterrer leur mère en Israël.

Je me suis demandé comment on voyageait avec un cercueil en soute sans avoir envie de sauter en plein vol.

Je me suis demandé comment mon père avait eu la force de remplir les formalités administratives.

Je me suis demandé ce qu'ils s'étaient dit dans l'avion tous les trois, s'ils s'étaient rappelé des souvenirs.

Et si l'un d'entre eux avait serré sa sœur Cathy dans ses bras en arrivant à Tel-Aviv.

Quelques jours avant de tourner mon film, tout le monde est parti fêter le nouvel an en famille. Mes frères et sœurs étaient à Eilat tous ensemble.

Je travaillais seule à Paris, le tournage commençait le 4 janvier.

Le 30 décembre, j'ai pris un billet.

Le 31 au matin, je leur faisais la surprise de les rejoindre.

Le 31 au soir je me faisais une surprise en embrassant Tal, l'un des plus beaux garçons du monde et en lui promettant de revenir.

J'ai tourné mon film dans un froid terrible, toutes les scènes de nuit au mois de janvier dans de grandes étendues où s'engouffrait le vent.

Je suis repartie le lendemain en Israël.

Je ne me rendais pas compte alors que je suivais le corps de ma grand-mère.

Je ne me rendais pas compte que je répondais à la promesse que je lui avais faite avant qu'elle meure.

Je me suis fait croire en l'amour. J'ai tout plaqué, j'ai déménagé là-bas. En dehors de sa beauté, Tal n'avait rien d'un homme pour lequel j'aurais dû faire ça.

Je suppose que mon deuil devait passer par là, par lui, que j'ai quitté six mois plus tard, en laissant tous mes sacs derrière. En plantant tout mon passé là-bas. Et mes livres préférés, et les photos de ma grand-mère.

Qu'est-ce qui est important ? Qu'est-ce que j'ai appris ? Rien. De moins en moins… Où est la vérité ? Est-ce que la fin ça veut dire que ce n'était pas pour de vrai ? Est-ce que je suis pour de vrai ? Mon corps contre le sien.

Les autres voix dans mon oreille et moi qui y ai répondu.

Et mon amour pour Nicolas, était-il pour de vrai ? Bien sûr que oui. Et l'amour de mon amoureux pour tant d'autres ? Oui, il était pour de vrai. Et l'émotion qu'il a quand il les croise. Oui, elle est juste. Je ne l'aime pas mais elle est pour de vrai.

Cette nuit, j'ai sonné chez Nicolas.

C'est sa mère qui m'a ouvert la porte, elle m'a reconnue.

Je suis montée dans sa chambre. Il était gentil.

C'est là que j'ai dû sentir que c'était un rêve.

N'empêche que je lui ai parlé, qu'il m'a serrée dans ses bras. Je lui ai dit au revoir, je lui ai dit que j'avais choisi l'homme de ma vie, qu'il serait celui de mon adolescence.

Je ne l'ai pas vu depuis trois ans.

Je ne pense pas que ce soit nécessaire d'aller sonner à sa porte pour de bon. J'ai le sentiment intime qu'il a fait le même rêve, cette même nuit et que nous sommes d'accord.

Le matin je me suis souvenue de nos moments.

Je ne voudrais pas que mon fiancé soit jaloux. Nicolas n'est pas une histoire d'amour avec un autre, il est une histoire intérieure.

Nicolas c'est moi si j'avais choisi un autre chemin. C'est moi sans raison. C'est moi qui aurais pris de la drogue, qui n'aurais pas sacrifié mon écriture à des séries télé, c'est moi désespérée, moi ivre morte jusqu'aux matins. C'est moi qui séduis et qui méprise. C'est moi ridicule aussi, moi qui me prendrais pour Rimbaud.

Nicolas ne vit que parce qu'il a la conviction de son propre génie. C'est un gosse de riches de Neuilly qui a du talent en tout mais pas encore de génie. Il s'est fabriqué un look de dandy. Il boite. Pas toujours du même pied. Dans un visage mou, attachant, d'immenses yeux bleus.

Un sourire tragique permanent.

Il déteste les gens. Il attaque avant de vous demander votre prénom. Il se prend pour un grand romantique. Il croit que l'on n'aime qu'une fois.

Alors tant pis pour lui, je ne l'ai pas aimé.

Je ne sais pas comment les garçons peuvent m'aimer.

Il y a tellement de vraies filles. Des filles qui ont des parfums dans les cheveux et les ongles toujours impeccables.

Des filles qui savent mettre du rouge à lèvres et à qui ça va. Des filles pas maladroites.

Je fais toujours glisser un objet, je me fais tomber des choses sur le pied. Je fais toujours un truc ridicule en arrière-plan. Dans mes sacs il y a des papiers, des griffonnages de mauvais poète, pas de kleenex, pas de choses bien rangées, des taches d'encre, des miettes de gâteaux. C'est pas un sac de filles. J'ai douze ans. Je fais semblant.

J'ai beau mettre des chaussures à talons, on dirait que je les ai piquées à ma mère.

Ça me fait penser à Orianne.

Lorsque nous étions petites et qu'il fallait demander quelque chose d'important à Papa, (du genre peut-on regarder Zorro après Winnie l'ourson sur Disney Channel), elle partait en mission.

Elle mettait les chaussures de ma mère qu'elle abîmait soigneusement en traînant des pieds, un manteau avec lequel elle essuyait le parquet, une robe qu'elle tenait pour ne pas trébucher.

Je la rougealévrais avec soin, surtout sur le menton, et elle sonnait à la porte. Mon père ouvrait et la plaçait dans la salle d'attente.

Elle pouvait attendre son tour jusqu'à une vingtaine de minutes, ce qui, à six ans, représente à peu près deux heures quarante-cinq de temps adulte.

Et puis mon père la faisait rentrer : « Je vous en prie. »

Elle s'avançait très sérieusement et s'asseyait à la place des patients. En cas d'attente trop longue il lui arrivait même de profiter du divan.

« Voilà docteur, je viens parce que mes parents sont cruels. »

« Hum, hum, qu'est-ce qui vous fait dire ça ? »

« Ils ne me laissent pas regarder Zorro et je

crois que ça peut avoir des séquelles sur ma vie à l'école. »

Et elle le baladait. Il ne lui montrait pas, bien sûr, mais il devait craquer pour cette petite bonne femme pleine d'aplomb.

Elle argumentait, elle se remettait du rouge à lèvres, elle pleurait et il l'écoutait comme on écoute une patiente…

Avant de la raccompagner à la porte, il lui serrait la main. Elle déposait dans la sienne une pièce de vingt centimes.

Grâce à Orianne, je n'ai jamais manqué une aventure du sergent García.

Orianne et moi ne sommes pas aujourd'hui très différentes de ces deux petites filles qui se déguisaient en femmes.

Deux jeunes femmes qui continuent de vouloir jouer au foot avec les garçons.

Nous n'avons pas de discussions de filles, pas de gestes affectueux.

Nous allons droit au but. Nous nous parlons dans les yeux.

Je regarde avec affection la petite fille que j'ai été.

Je me demande si c'est mal, la plupart des auteurs ont l'air de se haïr.

Je ne me dégoûte pas spécialement, je n'ai pas envie de me flageller.

En terminale littéraire, la plupart de mes camarades étaient de grandes dépressives.

Elles ambitionnaient toutes d'être écrivain, aussi je ne parlais pas de mon envie d'écrire.

Elles s'habillaient en noir, elles lisaient Cioran et si on ne connaissait pas par cœur des vers entiers de *Capitale de la Douleur*, il ne fallait pas espérer faire partie de leur cercle.

Elles maquillaient leurs yeux et leurs lèvres de sombre, de charbonneux, de pourpre les jours de fête. L'une d'entre elles avait un rat.

Plusieurs années après, Anne, une fille de cette bande, a organisé un dîner afin de nous réunir.

Anne qui se prenait pour Joyce est chef de projet. Je ne sais plus de quel projet mais un truc qui concerne un shampooing même pas antipelliculaire.

C'est Anne qui a le job le plus intéressant.

J'espère qu'il n'est pas nécessaire d'afficher son désespoir pour devenir écrivain. D'ailleurs, à partir de quand, de quelle page, de quelle ligne devient-on un écrivain ?

En CE1, Classe Verte à Annecy.

C'était la première fois que je partais sans mes parents. J'avais cinq ans mais j'en avouais sept.

Mon avance, qui devint une fierté, était à l'époque un gros handicap.

On me traitait de bébé, je n'avais pas d'ami.

Je partageais une chambre avec six filles méchantes avec moi, à part Yaël, une brune qui voulait à tout prix baisser sa culotte pour me montrer ses poils et qui me racontait que dans sa maison de campagne, ils nourrissaient leurs poulets des carcasses de ceux qu'ils venaient de manger.

Nous partions marcher autour du lac. Moi, pas assez vite : je devais trottiner tout le temps et j'en profitais lorsqu'ils s'arrêtaient sucer de drôles de fleurs sucrées pour prendre de l'avance.

Le deuxième soir, dans nos lits, j'ai dit des choses qui les ont fait rire. Pour la première fois, je me suis sentie exister.

Pendant la marche du lendemain, elles ne m'approchaient toujours pas mais mon sac à dos me paraissait moins lourd.

Sur le chemin, je me rappelle avoir préparé les choses drôles que je dirais le soir.

Sans doute mon premier travail de réflexion d'auteur.

Le soir : rires.

Et j'en rajoute, et ça fait rire et tout le monde veut être dans notre chambre et la prof vient nous dire de nous taire. Rires de nouveau…

… et mon cœur explose.

J'en oublie que l'après-midi, je me suis fait pipi dessus et que sans rien dire, j'ai mis ma salopette à sécher sur le chauffage.

Le lendemain, chasse aux trésors, je fais partie d'une équipe, les filles commencent à me parler.

Le soir : triomphe.

Et j'en rajoute, et je saute sur le lit, la prof vient puis je recommence et elles rient, elles rient.

Je suis dans mon élan, je n'entends même plus qu'il n'y a plus de rires. La prof dont je me moque est sur le palier. Elle doit écouter depuis dix bonnes minutes. Personne ne m'a prévenue.

Elle me fait sortir de la chambre.

Quand je sors, je perçois un gloussement.

Elle me dit de m'asseoir sur son lit, de reprendre mon calme, que je serai punie. Je suis timide, et je suis une petite fille, et je croyais que j'avais des amies.

Elle finit de dîner avec les autres profs, elle va revenir dans un instant.

Le temps passe. Je reste droite sur le lit comme un piquet. Je suis fatiguée. Je lutte pour ne pas me coucher. J'ai ma montre

Donald mais je ne sais pas lire l'heure. Tout ce que je sais, c'est que les aiguilles ont fait du chemin.

Mes yeux se ferment, je tiens bon. Je ne dois pas me coucher et puis son lit me dégoûte. J'ai froid. Je me souviens de cette lutte, ce combat pour ne pas m'endormir. Je devais être une pauvre petite chose. J'étais déjà si orgueilleuse… Je n'ai jamais eu conscience d'être petite.

La maîtresse revient.

Je me souviens qu'elle m'a engueulée « Mais je t'ai oubliée ! Tu n'aurais pas pu le dire ! C'est malin ! Et puis tu ne t'es même pas allongée ! »

Le guide est venu la rejoindre torse nu. Ils m'ont renvoyée dans ma chambre.

Je me suis endormie dans mes larmes sur le tout petit coussin brodé avec l'odeur de maman. Quelques heures après, j'ai remis ma salopette sèche, j'ai marché quand même.

Et quand ils suçaient ces putains de fleurs qui n'avaient rien de sucré, moi, je prenais de l'avance.

C'était l'année du divorce.

L'année où tout le monde s'est baladé avec une salopette pisseuse l'air de rien.

Papa et maman ne nous ont pas réunis dans une pièce pour nous dire « voilà, papa et moi on s'aime toujours mais on n'est plus amoureux. On va divorcer. Ça ne changera rien. On vous aimera toujours autant mais vous aurez deux maisons et deux fois plus de jouets » et tout les trucs qu'on dit aux enfants quand on rate sa vie.

Non, eux, déjà, ils s'étaient frappés dans le salon et arraché les cheveux. Ils s'insultaient devant l'école et maman venait souvent dormir avec Briag. Il n'y avait rien à dire.

Pas besoin de convocation, on ne déclare pas la guerre quand le pays est dévasté.

Je me souviens m'être demandé si nous

allions continuer à vivre, Briag, Orianne et moi.

Nous étions nés de leur amour. S'il n'existait plus, nous n'avions pas de raison de vivre. Nous allions peut-être nous effacer doucement et puis disparaître avec leurs derniers souvenirs ?

Je me souviens avoir cru longtemps et croire toujours un peu qu'ils se sont quittés en s'aimant encore.

Je pensais qu'ils s'étaient séparés par orgueil, qu'ils s'étaient ratés.

Que papa n'avait pas su parler, que maman n'avait pas su écouter ses silences.

Maman a déménagé rue des Dames-Augustines.

Elle n'a pas eu de travail tout de suite et c'était dur.

Je me souviens, je lui avais fait remarquer un soir qu'à chaque fois que la baby-sitter venait on mangeait des pâtes et qu'elle allait finir par croire qu'on ne mangeait que ça.

Elle avait beaucoup ri, elle avait ri aux larmes.

Dans l'alternance avec nos dîners chez

papa, je ne m'étais pas rendu compte qu'effectivement, nous ne mangions que ça.

Elle était très maigre à l'époque.

Si j'avais pu voir certaines choses, je lui aurais donné un plus gros bout de mon pain au chocolat.

Je vais chez « Tartes, thé et tartines » avant mon rendez-vous chez le docteur Soleil.

Je me suis habituée à la serveuse et il n'y a personne.

Quand par accident quelqu'un rentre, je plonge mon nez dans mon cahier, j'écris et j'évite son regard.

Les tartes ne sont pas bonnes. Elles sont jolies. J'en commande.

A chaque fois je pense qu'il faut que j'appelle Pierre.

Je pense que je ne le fais pas assez, qu'un jour je regretterai. Je ne sais pas quel âge il a. L'âge où on n'en a plus.

C'est maman qui m'avait envoyée le voir. J'avais dix-sept ans.

« Puisque tu veux écrire ! C'est un homme charmant. »

Elle m'avait pris rendez-vous avec lui à l'heure du thé.

Je me demandais à quoi ça pouvait ressembler, un critique littéraire.

J'avais mis un tailleur-pantalon bleu électrique et des boots à talons.

Je me trouvais belle comme ça, on aurait dit Super Jamie déguisée en Bee Gees.

J'avais un petit sachet de gâteaux à la main que je secouais au bout d'une ficelle. C'étaient des religieuses. J'étais nerveuse.

Je suis arrivée devant chez lui. J'ai réalisé que mes mains étaient collantes. Les religieuses s'étaient broyées. J'ai ouvert le paquet, j'ai mangé les deux boules du dessus et j'ai balancé le reste dans le caniveau.

Je me suis léché les mains pour qu'elles ne soient pas trop visqueuses.

Pierre m'a ouvert la porte.

Je ne l'ai pas vu tout de suite. Maman aurait dû me dire de mettre des chaussures plates. J'ai d'abord vu la petite surface lisse de son crâne et les croissants de cheveux blancs qui l'encadraient. Puis, des yeux malicieux derrière les lunettes rondes qu'il a enlevées.

« Amanda, vous voulez un thé ? »

Il est parti dans sa cuisine.

Il y avait des livres ; des livres partout. Des livres à la place des murs. Sur le sol, en hauteur. Des piles de livres par terre.

J'ai répondu sans sucre et sans lait. Il m'a dit qu'avec l'âge, on avait besoin de sucre et de lait et que ça viendrait pour moi aussi.

Il a lu des phrases de la nouvelle que « je » lui avais envoyée… Ecriture de ma mère sur l'enveloppe. « Le clavecin de grand-père qu'on titillait gosses. »

« Mais ma pauvre chérie, on ne titille que des clitoris. »

Et il a continué à lire, à parler.

Il m'a plu.

Je suis venue prendre le thé toutes les semaines pendant cinq ans.

Parfois tous les jours. J'appelais ça « nos après-midi thé plume ».

Il m'offrait des livres, je lui donnais ce que j'écrivais.

Il m'expliquait. Il me disait qu'une phrase

jolie ne sert à rien. Il m'encourageait à supprimer les adjectifs.

Il me demandait d'en venir au fait, aux mains.

Il me demandait pourquoi j'écrivais. Qui m'avait manqué ? Qui j'avais perdu ?

J'ai connu son chat et puis le deuxième quand celui-là est mort.

Ça compte, je crois, de connaître deux animaux domestiques successifs.

On se dit qu'on est amis depuis longtemps.

Le deuxième c'était Nefertito, il était tout fin, il foutait les jetons.

Il est chez une dame à la campagne parce qu'il sautait trop du balcon.

Il est chouette Pierre, j'aimerais lui tirer les oreilles. J'aimerais qu'il sache que je l'aime.

Et voilà, je mange des tartes pas bonnes mais je ne l'appelle pas.

J'y pense chez « Thés, tartes et tartines ».

Parfois pour me dire que j'ai vieilli, je mets un sucre dans mon thé.

Le printemps approche.

Je traverse la rue vers le docteur Soleil, c'est agréable.

Ses cheveux sont toujours entretenus maintenant.

Je ne pense pas qu'ils redeviendront nuages.

Je lui ai raconté mon rêve.

Je rentre dans une grande maison dans laquelle on m'a donné le droit de vivre. C'est moi qui gagne l'argent pour la payer, pourtant c'est comme un cadeau. Il n'y a pas de séparation entre les pièces.

Certaines chambres sont très belles et bien décorées, des personnes y vivent, ça se voit, mais elles ne sont pas là.

D'autres sont vides et délabrées.

Dans la maison, il n'y a pas de fenêtres. Je traverse plusieurs pièces en compagnie d'un homme, un genre d'agent immobilier un peu voyou.

Je rentre dans une grande chambre à coucher. Il y a un homme nu dans les draps. Il est brun, je ne vois pas son visage, juste son dos. Et son dos suffirait à faire succomber n'importe quelle femme. Au bout du lit d'ailleurs, une belle femme presque nue me regarde. Elle a l'air méchant.

Je me retourne, l'agent immobilier a disparu.

Je m'approche du lit.

Nous sommes seuls maintenant le bel homme et moi.

Nous faisons l'amour, très vite j'ai un orgasme et je lui demande de finir. Il continue. Il me fait l'amour, j'ai tellement de plaisir que ça en devient écœurant.

Je voudrais que ça s'arrête. Mais ça ne s'arrête pas. L'orgasme continue.

Je baisse la tête. Sous le lit, je vois une pile de cadavres de femmes. Des milliers de visages, des cheveux qui se mêlent, des seins, des fesses, un amoncellement immonde de femmes.

Et je comprends. Il ne s'arrêtera pas.

Il va falloir qu'une autre femme franchisse le seuil de cette porte et alors j'irai rejoindre les autres cadavres ; ou je continuerai à faire l'amour, à vivre cet orgasme éternel.

Au-dessus de l'horreur, dans l'attente de la rejoindre.

C'était si vrai que quand je me suis réveillée, nous avons fait l'amour avec l'homme que j'aime.

Mon orgasme m'a donné la nausée. J'ai jeté

un coup d'œil furtif sous notre lit. La porte était grande ouverte.

Papa m'a dit qu'il n'avait pas imaginé sa vie comme ça.

Il n'avait pas imaginé qu'il aurait des enfants blonds, une belle-famille bretonne.

Il n'avait pas envisagé qu'il divorcerait un jour.

Un soir de nouvel an, je n'ai pas la moindre idée de l'âge que j'avais, bien moins de douze ans, nous étions à Deauville.

Papa avait loué un appartement dans une résidence.

Un genre de duplex où nous étions tous les trois avec lui pour les vacances. C'était donc le 31 au soir.

Je suppose qu'il ne s'était pas non plus imaginé passer comme ça d'une année à l'autre, prisonnier de ses trois enfants.

Nous étions petits plantés devant la télé. Il avait fait à dîner. Je me souviens de lui qui regardait par la fenêtre.

Il a dit plusieurs fois « Nous allons faire un jeu ».

On ne décollait pas de l'écran et puis je me souviens de sa rage folle, il avait éteint la télé et il nous avait envoyés nous coucher.

« Mais papa ! Et le feu d'artifice ! »

Nous avions pleuré dans nos lits, crié à l'injustice.

Orianne et Briag se sont endormis.

Un peu avant minuit, j'ai entendu les premiers feux dans le ciel.

Papa est monté.

Il a vu que je ne dormais pas.

« Habille-toi. On va aller voir le feu d'artifice. »

On est sortis tout doucement. On s'est assis sur un banc. Je m'en foutais des fusées et du bouquet final. J'étais contente d'être seule avec mon papa.

Je voyais bien qu'il était triste mais je ne savais pas quoi lui dire.

On n'a jamais su se parler.

Un Loubavitch s'est assis près de nous.

En temps normal on se serait barrés mais là, on l'a écouté.

Ça cassait le silence, il se passait quelque chose dans nos vies.

Il nous a parlé du messie qui arrivait bientôt, il nous a demandé si on était prêts.

Moi, j'étais prête.

Je ne savais pas parler à mon père, mais je me disais que je saurais peut-être trouver les mots avec Dieu.

Je n'ai que des souvenirs flous de mes années de collège au lycée Carnot, que des souvenirs de journées qui se ressemblaient. Les soirs, pour attendre le matin, pour attendre...

Lundi chez papa. Ses patients qui sonnent toutes les quarante minutes.

Je lis. Tard. Jusqu'à minuit, une heure du matin, cachée dans les toilettes. Mardi chez maman.

Au collège, toujours les mêmes visages, les mêmes notes médiocres. Dégoût pour la gymnastique et les odeurs de vestiaires.

Le soir, Jacques, le nouveau mari de maman, rentre du travail, il fait rire Orianne et Briag en jouant à chat dans la maison, parfois je ne fais même pas semblant.

Je me souviens juste de l'ennui, même pas

de l'espoir qu'il s'arrête. Mercredi, jeudi, vendredi...

En troisième, monsieur Maure, mon professeur de français m'encourage à écrire.

Je le fais, sans lui dire.

J'écris et ça me fait souffrir.

Mais je choisis d'en souffrir plutôt que de traîner mon ennui.

Je n'écris jamais une histoire sans en connaître la fin.

C'est sûrement pour ça que je suis restée si longtemps entre des murs qui m'étouffaient, que je n'ai jamais fugué. Pour ça que j'obéissais au rythme que m'avaient imposé mes parents, et l'école.

Comme un robot, parce que je savais où s'achèveraient mes fuites et qu'il n'y aurait rien de changé, rien.

Mes seules échappées belles, c'étaient les salles de cinéma.

Le seul endroit où je supportais ma solitude.

Les lumières s'éteignaient, j'étais en paix.

J'avalais tout : les histoires d'amour, même les plus improbables, les récits-fleuves, les contes de fées, les révolutions, les films d'aventures.

Le reste du temps, j'essayais de me fondre dans ce qu'était ma vie. Je me coulais dans la pierre qui m'enfermait, je préférais être complice de mon destin plutôt que de lutter. Je savais déjà que l'existence est une cause perdue. Je ne voulais pas parler, ni en parler.

Je continuais à respecter mes horaires d'école et ceux des salles de cinéma.

J'ai pris le train un matin au lieu d'aller en classe.

Et les jours qui ont suivi, j'ai pris des bus sans destination. Juste pour la fuite, juste pour l'aventure.

J'avais treize ans. L'idée m'est venue de collectionner des visages.

Ma timidité m'empêchait de prendre des photos. Je regardais les gens, pas tous les gens mais ceux qui m'interpellaient et je retenais très fort leurs visages que je répertoriais dans un carnet.

Station Porte des Lilas.

Doit s'appeler Francine ou Jeanne. Elle est triste ; deux boules pâteuses et rouges lui servent de joues. Elle sourit pourtant. Si un homme lui disait qu'elle était belle, elle partirait avec lui. J'ai senti son odeur en descendant, un genre de soupe de légumes. La peau toujours moite. Les hommes doivent la cogner et elle doit trouver ça normal.

Rue. Sais pas où.

Il est beau. Il a quatre-vingts ans au moins. Des yeux très bleus et méchants, de ces paires d'yeux qui plaisent aux femmes.

Il a de l'allure et ses proportions parfaites le font paraître grand. Collabo ou écrivain ou les deux. Il doit avoir un vieux chien qui ne lui survivra pas, dût-il le tuer. Cheveux blancs déposés sur un crâne ovale. Il est beau mais je ne l'aime pas.

Descente dans la station de métro Franklin-Roosevelt.

Il faisait froid. La première chose que j'ai vue de lui c'était la fumée qui s'échappait de sa bouche. Il n'était pas assez couvert.

Puis un visage frappant. Pas forcément beau mais qui a fait monter en moi un désir incontrôlable de l'embrasser. J'ai fermé les yeux, j'ai embrassé mille fois ses lèvres roses pâles. Yeux très verts. Cheveux blonds. Traits assez épais et dessinés à la fois. Il prend l'autre direction. Je ne le suis pas. Il y a des grèves. Tous les métros mettent du temps à arriver. Pendant un quart d'heure, j'hésite. Je n'irai jamais le retrouver.

Des visages que j'ai collectionnés, il est de ceux dont je me souviens le moins. Je me souviens plus de l'impression, du pincement dans le cœur. Et de ce quart d'heure sur le quai.

Quand j'ai commencé à monter dans des bus et des trains, j'ai presque cessé d'aller en cours. J'allais aux examens importants et je lisais.

Je me suis faite virer du lycée Carnot, en seconde, je suis rentrée à Pasteur.

Je ne sais pas vraiment ce que je faisais ces journées entières ni ce qu'elles ont fait de moi.

Je ne savais pas quoi répondre à mes parents.

J'avais un découvert énorme à la banque : billets de train, chocolats chauds, cinéma, bouquins...

Mon père m'a demandé comment j'avais pu dépenser autant d'argent et puis il m'a demandé d'avouer que je prenais de la cocaïne. Alors pour le faire culpabiliser, j'ai avoué.

J'ai dû inventer. Je n'avais vu la poudre blanche que dans *Scarface.*

Ma mère m'a envoyée chez son acupuncteur et chez sa femme psychologue.

Ça m'a fait rire, j'ai inventé des trucs, on m'a planté des aiguilles partout et j'ai pris des vitamines.

Ça devait être ça la crise d'adolescence.

Il y a comme un vide dans ma mémoire. Avec pour seuls souvenirs de ces années, des visages volés au hasard des rues.

A Carnot je ne me souviens que du début...

Dans ma bande de sixième, il y avait le mouton, Flavie, Delphine, Antoine Levy et Michaël Nataf. Des amitiés qui reposaient essentiellement sur le fait que nous étions juifs et que nous résistions ensemble à Nicolas Decker, une brute d'un mètre quatre-vingts qui collait des tracts pour le FN.

On essayait de ne pas être malades ou d'être tous malades en même temps parce que si on était restés seuls on se serait retrouvés à poil au fond de la cour du lycée Carnot.

C'était en 1988.

Sinon, on ne parlait pas de religion, on s'inventait plutôt des histoires d'amour.

Personne n'avait embrassé personne.

Nous profitions des vacances pour nous inventer des liaisons invérifiables : à la rentrée de septembre, nous avions tous des aventures improbables à raconter avec des amants incroyablement beaux dont il était plus commode de prétendre qu'ils habitaient des contrées lointaines.

Cette mythomanie donnait lieu à des conversations surréalistes :

« Tiens, hier soir Bruce m'a appelée du

Turkménistan, tu me croiras jamais mais c'était hyperchaud on s'est roulé une pelle par téléphone. Je te jure… »

Ma prof d'allemand s'appelait madame Simon.

Elle attachait ses cheveux dans une sorte de minuscule queue de rat.

On aurait dit des cheveux qui repoussaient en permanence d'une coupe trop courte.

Une coiffure qui se détachait au fur et à mesure qu'on approchait de la fin de l'heure de cours.

Notre petite bande de juifs était dans la classe d'allemand parce qu'il était dit que c'était la meilleure classe.

Mon père tenait par ailleurs à ce que je parle la langue de nos ennemis.

Madame Simon nous avait donné à tous des noms allemands pour mieux nous intégrer.

Elle se souvient peut-être de moi comme de Barbara et j'avais choisi pour Michaël Nataf le doux prénom d'Heinrich.

Ils étaient tous de bons élèves, moi je dépassais rarement le deux en mathématiques.

Je détournais toujours les problèmes ou je leur donnais des solutions qui étaient des solutions de vie, pas celles qu'on griffonne en chiffres sur des feuilles quadrillées.

Je trouvais que c'était tellement l'inverse de la vie.

Je me souviens d'un exercice qui m'avait valu les pires ennuis : Un robinet coule pendant deux heures à une vitesse de huit décilitres dans une baignoire pouvant contenir X machintruc d'eau… Combien de patati patata… A quelle vitesse et cætera…

J'éteins les robinets.

Oui mais si…

Mais quand même…

Eh bien c'est mouillé, peu importe la quantité de flotte.

Est-ce que ça provoque une crise dans le couple ? Est-ce que le canard en plastique prend vie ? Est-ce que l'eau arrose le voisin d'en dessous et le réveille d'un sommeil sans relief ? Est-ce que ça intéresse quelqu'un ?

Et j'écrivais sur mes copies mes versions de la vie. Je me suis retrouvée chez le surveillant général, chez le proviseur, on m'a envoyée partout… Mais je trouve que les maths, c'est pas la vie, parce que la vie c'est pas logique. Parce que chez les êtres humains, un et un font trois et même parfois plus…

On a convoqué mes parents. Je leur ai dit la même chose.

Ils ont fini par se dire que j'avais mes raisons et que j'étais bonne en français.

Plus tard j'ai été bonne en probabilités parce que ça avait un rapport avec la vie, avec l'incroyable des hasards et des rencontres.

Tout est improbable et pourtant la vie se passe et il en passe d'autres.

Pourtant les gens s'aiment, j'ai rencontré l'homme de ma vie, cette nuit-là, cette nuit où nous n'avions aucune probabilité d'être là ni l'un ni l'autre.

L'amour est plus fort que les mathématiques.

Mes grands-parents maternels sont divorcés.

Mon oncle ne porte pas le nom de son père mais du père de ma mère dont ma grand-mère n'avait pas encore divorcé quand elle est tombée enceinte.

Mon père dit que l'amour se fabrique.

Mon père dit que tout se fabrique et qu'il nous a programmés pour être ce que nous sommes devenus.

Quand j'ai annoncé à ma mère que j'avais rencontré l'homme de ma vie, elle m'a dit « tu sais, la vie est faite de multitudes de vies. Avant je croyais les mêmes choses que toi mais dans dix ans, tu ne seras pas la même et tu auras peut-être envie d'aimer quelqu'un d'autre ou ce sera lui… Mais ce n'est pas grave, la séparation fait partie de la vie… »

Je me suis souvenue d'elle anorexique, qu'on forçait à manger des yaourts quand Jacques s'est barré avec une pute russe ; quand on a découvert qu'il louait un appartement à une fille de mon âge qu'il allait sauter tous les soirs entre son bureau et le dîner préparé par ma mère.

Ma sœur Orianne est tombée amoureuse d'un homme en instance de divorce avec qui elle a vécu un an. Ensuite, il est retourné avec sa femme « pour le bien des enfants » et il a continué à vouloir la revoir dans des lits d'hôtels. Elle avait dix-neuf ans. Elle croyait que c'était ça l'amour. Il avait quarante-deux ans.

Les larmes de ma sœur.

J'ai vingt-quatre ans et je suis censée croire en l'amour, en la pureté des gens. Quand je suis dans ses bras, rien n'existe. Quand nous sommes tous les deux, c'est comme si le monde était en place.

Mais il y a toujours ces âmes généreuses qui me disent que bien sûr il faudra passer outre de nombreuses choses, qu'il me faudra forte, qu'il me faudra fermer les yeux. Car j'ai choisi un séducteur, il est sollicité.

C'est normal d'avoir une aventure de temps en temps. Il ne faut pas chercher à savoir. La vie est faite ainsi…

Et moi, j'ai vingt-quatre ans, je dois croire à l'amour et en faire des films pour que des gens s'embrassent au cinéma et y croient aussi juste un peu, juste le temps que la lumière se rallume, quand ils balayent leurs larmes d'un revers de la manche.

Parce qu'on ne pleure pas, qu'on n'est pas amoureux, qu'on est « bien », on le fait « pour les enfants », on a chacun notre vie mais il y a des intérêts communs, tu comprends… on se comporte en adultes.

Regarde les statistiques, le divorce est une donnée sociale.

Ce que je sais, c'est que l'amour est plus fort que les mathématiques.

Je vais être une petite fille.

Je vais éteindre les robinets qui coulent à une vitesse insuffisante pour inonder ma vie.

Je vais vivre un conte de fées.

Je veux être la princesse, je veux qu'il ait un cheval blanc qui ne fasse pas peur, un poney blanc en dessin animé.

Que les gens se moquent de nous et qu'on s'en fiche pas mal.

Qu'on prenne des chemins de traverse.

Que le château ne soit jamais loin.

Que les drapeaux ne soient jamais noirs.

Je veux être la princesse.

Mes grands-parents m'appellent encore princesse.

J'ai cru longtemps que j'en étais une, une vraie.

J'avais deux ans. Au bac à sable du parc Monceau, on m'a demandé mon nom. « Princesse Amanda » j'ai dit. Le petit garçon m'accuse de mentir. J'ai ri, je lui ai dit « bien sûr que si ».

Il a demandé à sa mère qui lui a confirmé que je mentais.

Un doute s'est emparé de mon esprit.

J'ai couru voir maman qui surveillait Orianne dans son landau.

Elle m'a dit que je n'étais pas une vraie princesse mais que j'étais celle qui régnait sur son cœur.

Ça m'a désespérée.

J'en ai rien à foutre d'être SA princesse. Tout le monde règne sur le cœur de sa maman. C'est très banal. Ça n'a rien de princier.

On n'est pas vraiment la personne qu'on voudrait ni Amanda, ni toi, ni moi.

Il m'arrive de fixer longuement mon regard dans la glace. Au bout d'un moment, je me deviens étrangère.

Je perds la conscience que c'est moi que je regarde. J'ai peur de bouger. Je me dis que mon reflet ne me suivrait pas et que peut-être je ne le trouverais plus jamais.

Ce n'est pas que j'y sois attachée mais je le préfère au vide. Alors je reste, je le fixe, je me réapprends.

Cette petite cicatrice au fil barbelé quand j'allais nourrir l'âne de Gordes, les cils à la racine blonde longs comme ceux de maman. Cet épi sur le sourcil que je recoiffe sans cesse. Cette ride à gauche de ma bouche, cette ride de jeux d'enfants quand je jouais aux picoutoires. La petite bosse sur mon nez. Le grain de beauté sur ma lèvre. Des yeux un peu tristes. Est-ce que c'est bien moi ? Oui, je crois me souvenir.

Nous vivons dans une société étrange où les visages les plus beaux sont les plus lisses, les plus neutres, ceux qui ont le moins ressenti, en fait.

Pourquoi en est-on arrivés là ? La beauté serait-elle liée au manque de souvenirs, au neuf – donc à la promesse d'une première fois ? La beauté d'une femme voudrait dire qu'elle n'a pas encore été blessée donc qu'elle n'a pas aimé ? Et celle d'un homme au contraire à son expérience, aux marques que la vie lui a laissées, à cette certitude qu'il sait déjà et donc qu'il nous protégera ?

J'aime les femmes marquées. J'aime les cernes.

Je n'aime pas la beauté comme on la décrit. J'ai peur quand ma mère se tire la peau devant le miroir et qu'elle me dit « tu crois pas que je serais mieux comme ça ? Juste une petite retouche ? ».

Et si le chirurgien effaçait la ride de joie qui est née quand elle m'a vue ? Et s'il effaçait mon nom de son visage ? Et si je ne l'aimais plus sans ses souvenirs en peau ?

J'ai peur… Peur de ne plus la reconnaître.

On peut faire un lifting. On peut gommer son visage de bouts de vie, laisser en chemin des larmes, des nuits blanchies d'amour, des sacs faits à la hâte, tous nos retards d'avions. Je voudrais ne rien oublier. Je voudrais un visage plus marqué, comme une carte de ma vie.

Là c'est quand il m'a quittée, là c'est mes vacances au ski, là, quand j'ai cru en Dieu.

Je crois aux visages. Je crois au passé.

Je crois à ce dont on se rappelle. Même si c'est pour de faux. Même si c'était pas jeudi, que sa robe n'était pas bleue, même si on a confondu sa vie avec un rêve. Les rêves aussi laissent des traces sur le visage. L'important, c'est de se souvenir, c'est tout ce qui me laisse croire que j'existe.

J'oublie que ma grand-mère est morte.

Quand je passe rue de Passy, je me dis que je vais monter la voir et là je me souviens.

Quand j'achète des cartes postales, je cherche un paysage pour elle et je me souviens.

Hier, j'ai composé machinalement son numéro de téléphone.

Je savais dès le deuxième chiffre qu'elle

était morte mais je me suis dit qu'elle répondrait quand même.

Je me suis juré de ne pas m'étonner d'entendre sa voix, de ne pas lui poser trop de questions, de lui raconter un peu ma vie. Et en me le jurant c'est comme si je le jurais à Dieu.

Quand j'ai raccroché, je lui ai parlé à haute voix dans le salon mais j'étais seule à pleurer.

Après deux heures d'attente entre Tel-Aviv et son autre aéroport Sdedov, je suis dans le petit avion qui me mène à Eilat.

Dans moins d'une demi-heure, le soleil se lèvera sur le désert et je le regarderai faire du hublot.

J'ai conscience qu'il m'aurait fallu dix, vingt ans pour que tout ça me paraisse émouvant, pour sentir le chemin parcouru et m'étonner que le café n'ait pas changé d'odeur.

Ça fait deux ans, c'est comme remonter en selle après une chute. Effrayant tout au plus.

Ça y est, je vois apparaître les rouges et les bruns en dessous. Les ondulations étranges des dunes de sable et cette route qui jaillit de nulle part et que j'ai empruntée seule avec ma coccinelle jaune d'occasion pour me sentir aventurière.

Mes meilleurs souvenirs sont des souvenirs de solitude. Ce sont les départs vers quelque chose, loin d'une autre. C'est l'espoir ou la peine infinie que j'ai pu porter dans le cœur et ce que j'en ai fait.

L'appareil tremble comme les mains de ma grand-mère sur le pot de confiture.

Les souvenirs vont très vite.

J'aurais voulu la main de mon amour, le creux de son cou. Voilà les buissons diffus qui ressemblent à des moutons, ces traits durs dans le sable comme des lignes de vie et le sable prend des reflets pourpres. Puis les réserves d'eau.

Il faut remonter la tablette.

Bientôt, je vais atterrir, le soleil déjà me pique les yeux.

Je suis partie seule.

Mon amie Chirelle et ses enfants sont déjà à l'hôtel.

Mon amoureux joue au théâtre à Paris.

J'essaye de lui faire sentir que je peux lui manquer.

Les deux premiers jours à Eilat, je ne fais que dormir, je suis épuisée.

Je n'ai pas envie d'écrire. Je viens de finir un scénario, j'ai l'impression d'y avoir laissé beaucoup de moi, peut-être trop.

Est-ce qu'il en reste un peu pour demain ?

Il vaut mieux que je n'aie pas trop de moi à Eilat.

Il vaut mieux que je voie la plage comme une plage, l'endroit où j'allais faire mes courses comme un endroit que je connais. J'espère juste ne pas croiser Tal. Je ne veux pas m'expliquer. Expliquer quoi ? Expliquer comment on n'aime plus ? Et puis j'ai laissé des vêtements, des choses, je m'en fous. Qu'il les jette.

A l'hôtel tout le monde connaît le cousin d'un de vos cousins et veut engager la conversation.

Sauf avec Chirelle, je suis froide, je ne veux pas raconter ma vie mais dormir et sentir le soleil.

C'est impossible, ça bourdonne de voix, d'expressions diverses selon leurs pays d'origine. En d'autres circonstances j'aurais trouvé ça charmant mais là... Je veux juste la paix.

La paix d'ailleurs, on ne parle que de ça.

Est-ce qu'elle sera possible ? Est-ce que les attentats vont finir ? Pourra-t-on cesser d'être des gens qu'on n'aime pas, un peuple condamné à être une armée, condamné à exercer des représailles ?

Très vite, j'en ai assez de ces corps huilés, de cette mauvaise musique. Ce n'est pas ça, Israël, pour moi. J'ai besoin de voir Jérusalem. De glisser un papier d'espoir dans le mur.

Je suis d'abord allée sur la tombe de ma grand-mère.

Je me suis assise devant. Il faisait chaud mais pas trop. Je m'étais bien habillée pour lui faire plaisir. Je n'ai pas parlé. Je n'ai pas pleuré. Je ne me souviens même pas avoir réfléchi. J'étais juste bien. Il y avait un peu de vent. Je suis restée longtemps. J'ai posé une pierre sur sa tombe. J'ai donné dix shekels à l'un des religieux qui était là pour qu'il fasse une prière pour mémé Gladys et pépé Alfred.

J'aurais pu prendre un bus pour aller voir ma famille mais une fois devant le mur, je me suis rendu compte à quel point les rues étaient désertes. Même à Tel-Aviv, il n'y avait personne. Je n'avais jamais vu Israël si éteinte.

Quand j'étais petite, je pouvais sortir toute seule, même la nuit, c'était la liberté. Le seul pays sans pédophilie, sans crime. On rentrait, on sortait, on allait chez Beber manger des croissants au chocolat. Et puis on se partageait les épis de maïs chauds qu'ils vendaient sur les trottoirs. On grignotait chacun de notre côté comme des hamsters.

Et les figues de Barbarie ouvertes qu'ils me posaient dans la main. Cadeau parce que j'étais yaffa. Ils me pinçaient les joues et le jus dégoulinait dessus.

A la fin du shabbat tous les enfants dansaient sur la place... Pour moi Israël ne représentait pas le judaïsme mais les vacances.

Le soir tombait doucement, et les odeurs de fleurs d'oranger.

Je devais reprendre le dernier avion pour Eilat. Je me suis souvenue de l'arrivée des juifs éthiopiens. Le gouvernement leur offrait de beaux appartements. C'était marrant tous ces grands Noirs avec des kippas, les « fallachas ».

Avec ma tante, on avait passé l'après-midi à leur préparer des gâteaux pour leur souhaiter la bienvenue.

Le soir, on jouait à chat avec les enfants.

Les portes de l'immeuble étaient toujours ouvertes, on rentrait les uns chez les autres, on se servait de la glace, on riait, on racontait sa vie. Maintenant les enfants ne sortent plus sans dire au revoir.

J'ai préféré rentrer à Eilat. J'ai eu trop peur de trouver la porte de chez tata Cathy fermée.

Je n'y trouvais pas la même sérénité.

Il y avait beaucoup de gens vulgaires.

C'était la Torah version Disneyland.

Les seules personnes que j'aimais écouter, c'étaient les vieux.

J'adore les souvenirs des pépés. J'adore qu'ils se répètent, qu'ils aient les larmes aux yeux. J'adore quand ils secouent la tête après, l'air de dire que tout ça est bien loin maintenant, l'air de dire que ça n'a peut-être pas vraiment existé. J'aime les souvenirs d'inconnus, pas ceux des gens que j'aime. Je ne veux pas savoir s'ils m'ont oubliée. Je veux encore moins connaître leurs souvenirs quand je n'étais pas là. Je ne veux pas que l'homme de ma vie me rappelle qu'il a été celui d'autres vies. Ça me fait penser que je vais mourir et que même s'il y a des larmes, on m'oubliera.

J'ai commencé à déserter l'hôtel et à aller passer toutes mes fins de journées au bout de la plage de Coral, près de la frontière égyptienne.

Là où j'allais avant.

Je buvais un thé à la menthe dans le petit café. Je m'asseyais. Je regardais les dauphins qui venaient chaque soir. Je retrouvais les automatismes de la langue. Je reprenais mes couleurs, mes cheveux blonds. Mon fiancé me manquait.

Les enfants de mon amie et leurs camarades s'attachaient à moi parce que je n'essayais pas spécialement d'être sympathique et que je leur parlais comme à des adultes. Ils me racontaient leurs vies, leurs histoires d'amour, leurs rêves. Je leur dessinais des poussins. Des poussinglés, des poussimberbes, des poussinsolents…

Quand ils me voyaient partir tous les jours vers quatre heures, je voyais bien qu'ils se demandaient où j'allais.

Ils brûlaient de venir avec moi mais ils n'osaient pas me le demander.

Quand leurs parents ont décidé de les trimbaler au delphinarium, je me suis proposé de les emmener dans mon endroit.

Je ne voulais pas que leur souvenir d'Israël soit celui d'un bronzé en maillot de bain qui leur ferait faire la même caresse au même dauphin à la chaîne.

Nous sommes allés à Coral Beach le lendemain après-midi, vers cinq heures.

Ils ont guetté longtemps les dauphins.

Au moment où ils n'y croyaient plus, j'ai vu les ailerons s'approcher.

Nous nous sommes précipités dans l'eau.

C'était une explosion de joie. Pour les faire s'approcher il faut taper des pierres sous les vagues.

Ils se sont d'abord dirigés vers Chirelle et Victoire. Elles les ont caressés. « C'est doux, c'est comme une gomme ! »

Ils poussaient leurs petits cris délicieux. Ils allaient et venaient entre les enfants excités. Et moi aussi, je voulais les sentir, comme une gomme, ne plus penser à rien.

Ils décrivaient des cercles étranges autour de moi comme pour m'éviter. Je m'approchais, je frottais les pierres.

Mais non.

J'ai réalisé que les dauphins m'évitaient.

Je les appelais, j'allais vers eux. Rien à faire, ils se dérobaient.

Ça m'a rendue triste.

Terriblement triste.

Entre les cris et les rires d'enfants, je me suis sentie abandonnée.

Seule, terriblement seule.

Leurs cris ressemblaient à du silence.

J'ai eu presque froid.

Et puis je me suis souvenue.

Les dauphins n'approchent pas les femmes enceintes. Les dauphins ont un sonar, ils savent quand une femme porte la vie et ils l'évitent pour ne pas la blesser.

Et là, dans les cris, les rires, les éclaboussures d'eau de mer, j'ai su.

J'ai mis ma main sur mon ventre…

Paisible, je suis allée acheter un test à la pharmacie.

Quand les deux traits sont apparus, j'ai ri, j'ai pleuré, je ne sais plus.

Je sais que c'était juste que ça arrive ici, près des dauphins qui m'ont dit de rentrer il y a deux ans, de ne pas rester à Eilat. De ne pas faire semblant. De ne pas vivre comme eux entre leurs shows quotidiens et la mer, en semi-liberté. Dans ce pays, celui de mes ancêtres, celui dont la terre s'est mélangée à la peau de ma grand-mère.

Je me suis mise face à la mer sur un petit coin de sable. La plage était calme. Shabbat tombait. J'ai appelé mon fiancé.

Je lui ai demandé s'il était seul, plus tard il m'a dit qu'à ce moment il avait déjà compris.

Je lui ai dit que nous allions avoir un bébé.

J'ai entendu un sanglot dans son rire. C'était beau. C'était à nous. J'aurais voulu voir ses yeux. J'ai senti comme un fil invisible, un fil, qui ne craignait pas les kilomètres, j'ai senti ce fil se tisser d'un coup entre nos deux corps.

J'ai embrassé fort mon amoureux, qui, ce 25 décembre, devenait papa.

Plus de boule au fond du ventre. Plus peur de manger seule. Me balader dans la rue, croiser le regard des gens.

Je me tiens droite.

Mon apaisement m'inquiète. Moi qui ne vis que d'angoisses, que de peurs, depuis toujours. Moi qui ai si peur des autres et de ne pas être celle que je dois être.

Moi, est-ce que ça veut dire la même chose

le jour où je deviens nous ? Nous deux et cette vie à l'intérieur de moi.

C'est comme si une Amanda tout à fait différente avait réconcilié toutes les autres.

C'est ridicule mais je parle déjà à mon bébé et toutes mes voix intérieures servent enfin à quelque chose. Les Amanda sont d'accord, et celle qui a huit ans, et celle d'il y a cinq minutes et moi et encore celle-là et celles qui viendront.

Et toutes les petites Amanda ne sont plus des obstacles à ma vie mais ma vie elle-même. Des souvenirs comme la première pierre de ce que je vais devenir, une femme et une maman.

Je suis dans l'avion qui me ramène à Paris.

Je vais voir le visage de mon fiancé. Nos yeux vont se mélanger de larmes et de rêves. Il va me prendre dans ses bras, ce sera si différent que je ne peux pas encore savoir…

Je vois les dunes d'Eilat d'en haut, le soleil qui les frappe. Et j'ai l'impression que je ne reviendrai plus. Plus avant très longtemps.

*Impression réalisée sur CAMERON par*

BUSSIÈRE CAMEDAN IMPRIMERIES

GROUPE CPI

*à Saint-Amand-Montrond (Cher)*
*en mars 2004*
*pour le compte des Éditions Grasset,*
*61, rue des Saints-Pères, 75006 Paris.*

Mise en pages : Bussière

N° d'Édition : 13251. N° d'Impression : 041394/1.
Première édition : dépôt légal : février 2004.
Nouveau tirage : dépôt légal : mars 2004.

*Imprimé en France*

ISBN 2-246-65981-7